KB254089

생각하는 것을 얻는 법

생각하는 것을 얻는 법

|아놀드 엠 패턴트 지음 · 강준린 옮김|

씽크북

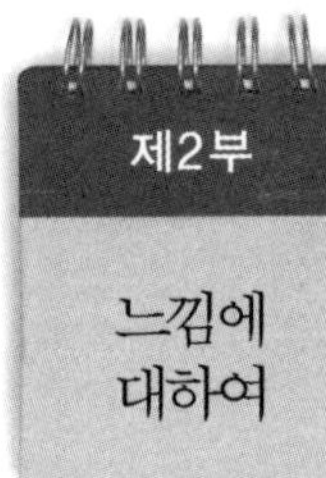

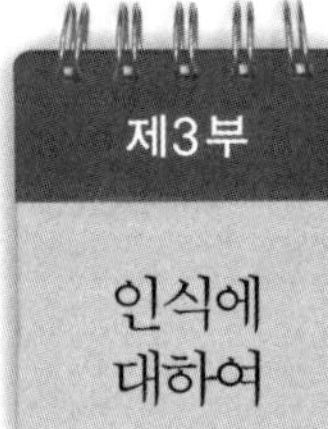

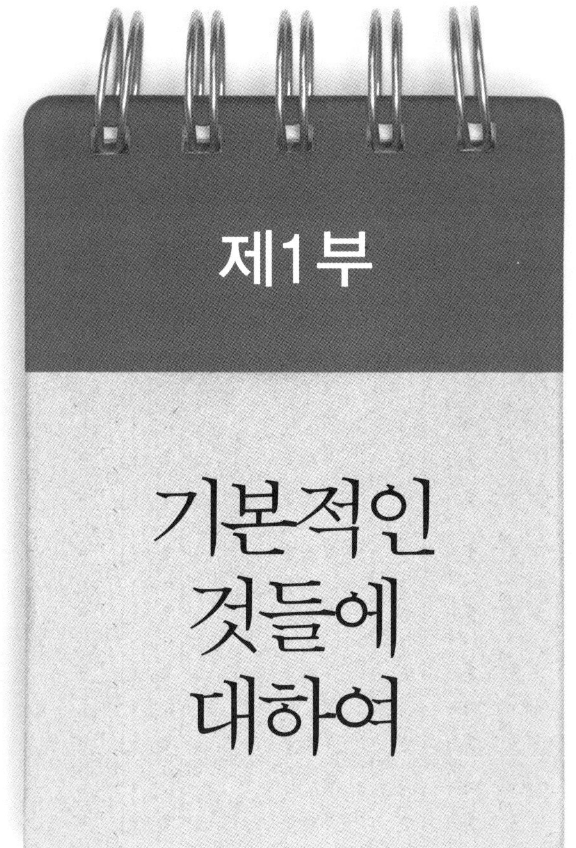

제1부

기본적인 것들에 대하여

제1장

원칙의 발견

나는 55살까지 내가 맡은 임무에 충실했다. 25년 넘게 변호사로 활동하면서 의뢰인의 문제와 부동산 투자 문제를 해결하느라 고군분투했다. 그 결과 뉴욕시의 부유한 동네에서 경제적으로 남들의 부러움을 살 만한 삶을 누리게 되었지만, 이렇게 되기까지는 참으로 많은 희생이 뒤따랐다.

남들이 부러워할 만한 삶은 내게 만족감을 주었지만 그와 동시에 늘 가슴을 옥죄는 고통도 가져왔다. 병원에 가보아도 별다른 증상이 없다고 했다. 하지만 몸과 마음이 너무나 불편했던 나는 스스로 대책을 찾아보기로 했다.

우선 각종 비타민을 복용하고 식단을 바꿔보았지만 헛수고였다. 그런데 식단과 비타민에 신경을 쓰다 보니 어느새 각종 식이요법에 큰 관심을 갖게 되었다. 그래서 이를 더 자세히 알아보고자 시카고로 갔다. 4일 동안 꼼꼼히 훑어본 다음 마음에 드는 식이요법 프로그램을 선택했다. 각종 비타민과 영양제, 소화용 효소, 분비샘 자극제 등 하루 100정이 넘는 약을 복용했다. 얼마 후 몸 상태가 많이 좋아져서, 1년 6개월을 더 해보기로 했다.

당시에는 몰랐지만 식이요법 프로그램에서 가장 중요한 요소는 바로 명상이었다. 명상은 인생에서 가장 유해한 스트레스를 해소시켜주므로 단 하루도 걸러서는 안 된다. 때문에 나는 1년 6개월간 명상을 쉬지 않고 계속했다.

명상을 하는 동안 생소한 가르침을 많이 얻었다. 그것은 오랜 세월에 걸쳐 속속 밝혀지고 있는 우주의 섭리를 설명하는 기본 법칙으로, 이른바 '우주의 법칙'이라 불리는 단순 명료하고 이해하기 쉬운 법칙이었다. 하지만 이 법칙은 현대사회의 가르침에 역행한다는 이유로 대체로 찬밥 신세를 면치 못했다.

변호사, 투자가, 사업가로서 각종 도전과 난관을 받아들이는 법을 익힌 나는 이제 일생일대의 과업을 위한 준비를 시작했다. '우주의 법칙'을 인생을 위한 일상의 지침으로 삼아 생활화하기로 마음먹은 것이다. 이로써 나에게 제2의 인생이 펼쳐지기 시작했다.

나는 명상을 할 때 식이요법 프로그램에서 했던 것처럼 독하다 싶을 정도로 원칙을 고수했고, 그 결과 몸과 마음이 전보다 좋아지는 것을 느꼈다. 이쯤 되자 몸은 많이 익숙해졌지만 그렇다고 몸의 불편함이 완전히 사라진 것은 아니었다. 그동안 내 몸이 얼마나 고통스러웠을지 생각해보았다. 몸이 그런 상태이니 당연히 늘 긴장하고, 다혈질적으로 변하고, 안절부절못해서 행복하지 않았던 것 같다.

하지만 '우주의 법칙' 명상에 빠져들면서 자연스럽게 식이요법에서 손을 뗐다. 그리고 그동안 차곡차곡 쌓아온 심신의 개선을 계속 유지하면서 나아가 더 큰 개선을 경험할 수 있었다. 마침내 심신은 꾸준히 나아져서 이제는 내 몸에서 눈곱만큼의 불편함도 없다는 느낌이 들었다.

그리고 나에 대한 얘기를 관심 있는 사람들에게 들려주기 시작했다. 직업상 나는 법적 마인드와 법적인 행동에 익숙해서 우주의 법칙을 변호사다운 방식으로 아주 확실하고 설득력 있게 설명하는 데 소질이 있었다. 지금껏 살면서 다양한 인간관계와 업무 상황에 다양한 법을 적용하는 데 이골이 난 터였는데 그 법칙들 대신 우주의 법칙으로만 바꾸면 되었다.

사람들의 반응은 그야말로 열광적이었다. 나는 여러 차례 글을 기고하여 세계 각지에 우주의 법칙을 전파했다. 또 내가 하는 일을 적극적으로 지지해주던 지인의 소개로 우주의 법칙에 대한 워크숍을 열기도 했다. 첫 번째 워크숍을 마치고 나서 워크숍이야말로 우주의 법칙을 소개하고 전파하는 데 가장 이상적인 통로라는 사실을 깨달았다.

우선 2시간 30분 가량의 저녁 워크숍으로 진행했고, 나중에는 금요일 저녁에 시작해서 일요일 늦은 오후에 마치는 주말 워크숍의 형태로 발전시켰다.

워크숍 참가자들은 서로 지지한다는 것이 얼마나 위대한 일인지 몸소 체험할 수 있었다. 그러니 당신도 워크숍에 참가한다는 마음으로 이 책을 읽기 바란다.

주말 워크숍 소개

우주의 법칙 프로그램을 진행할 때는 장소 선정이 중요하다. 나는 밝고 환기가 잘되는 장소를 좋아하기 때문에 날씨가 따뜻할 땐 야외에 워크숍 공간을 함께 준비한다. 참여자들의 등록 과정이 끝나면 라이브 음악 연주가 흐르는 곳에서 워크숍을 시작한다.

참석자들은 나이와 출신이 다양하다. 생후 6개월인 유아에서 90세 노인까지, 사무직에서 노무직까지 천차만별이다. 대학 교수, 예술가, 직장인, 음악가, 의사, 변호사, 배우, 주부 등 직업도 다양하다. 이처럼 다양한 부류의 사람들이 주말 동안 서로 다양한 종류의 지지를 아낌없이 주고받으며 순식간에 자연스레 한 가족이 되어가는 모습을 지켜보는 과정은 그야말로 짜릿한 경험이다.

워크숍 순서상 첫날 저녁에는 우선 우주의 법칙들에 대해 발표한다. 그 후 참가자들은 옆에 앉은 사람들과 서로 자기소개를 한다. 밤에는 넷에서 여섯 명 정도의 작은 '지지' 모임을 만든다. 이들은 워크숍이 진행되는 주말 동안 몇 차례 만나면서 세미나에서 소개된 우주의 법칙을 행동으로 실천해본다.

토요일 오전에는 질의응답 시간을 갖는다. 이때 참가자들은 일상에 이러한 법칙을 적용하는 방법을 배운다.

나는 세미나를 진행할 때 미리 적어둔 내용을 참조하지 않는다. 참가자들이 필요한 부분과 바라는 부분, 그들의 에너지를 관찰하여 그에 맞게 설명할 내용을 그때 바로 정한다. 그래서 기본적으로 워크숍에서 다루는 내용은 동일하지만 매번 새롭고 고유하다.

워크숍의 내용은 사람의 마음에서 마음으로 전달되는 것이므로, 주말 워크숍 중간 중간에 음악 감상과 체조 시간을 두어 긴장을 푸는 프로그램을 마련했다. 당신도 유사한 방법으로 접근하길 바란다. 이 책을 단숨에 읽지 말고 여유가 있을 때 조금씩 읽으면 좋다. 그리고 수시로 음악을 듣고, 산책을 하고, 스트레칭을 하거나 체조를 하라.

이제 당신을 위한 워크숍 준비가 다 되었다. 의자에 앉아서 심호흡을 하고, 여기에 나온 모든 내용을 자연스럽게 몸에 익혀라. 아이가 게임을 하면서 노는 것처럼 자연스러운 것이니 말이다.

제2장

인생의 진정한 게임

흔히 인생을 게임에 비유하는데, 이 비유는 유용하게 활용될 수 있다. 게임을 하는 목적은 무엇인가? 여유 시간을 재미있게 보내기 위해서이다. 게임을 하면서 재미를 느끼려면, 우선 게임의 법칙을 배우고 연습을 통해 익숙해져야 한다.

우리는 일상에서 수많은 게임에 동시다발적으로 참여한다. 이 중 누구나 알고 있는 게임이 바로 '적자생존의 게임'이다. 우리는 모두 이 게임의 법칙을 배웠고, 숙달한 사람도 꽤 많다. 그러나 차츰 이 적자생존의 게임이라는 것이 그다지 재미가 없다는 사실에 눈을 뜨게 된 사람들이 늘고 있다. 이 게임에서 빠지겠다는 사람도 많다. 중도 포기를 결정한 사람들을 위해 게임의 법칙을 바꾸려는 시도도 있었다. 하지만 효과는 전혀 없었다. 새로운 법칙들은 오랜 세월 굳어진 게임과 맞아 떨어지지 않기 때문이다.

　그렇다면 어떻게 해결책을 찾아야 할까? 사실 해결책은 간단하다. '적자생존의 게임' 보다 재미있을 뿐만 아니라 타고난 본능으로 할 수 있는 게임이 있기 때문이다. 인생의 진정한 게임이라고 할 수 있는 '서로 돕기 게임' 이다.

　이 책에서는 이 진정한 게임을 묘사하고 법칙을 설명한다. 이 게임이 바로 인생에서 진정한 게임이라는 확신이 든다면, 게임의 법칙을 배워서 해보고 싶다는 의지가 샘솟을 것이다. 이때 의지가 얼마나 강한가에 따라 게임의 마스터가 될 수도 있고 초보자로 남을 수도 있다.

　내 경험상 진정한 게임을 하기로 결심을 굳힌 순간 우주는 그 의지에 박수를 보낸다. 그리고 보다 나은 삶을 향하도록 후한 지원을 쏟아 붓는다. 게임에 참여하는 사람은 한 단계씩 밟아나갈 때마다 '내가 정말 발전하고 있구나!' 라고 느낄 것이다.

　그렇다면 삶의 질을 어느 선까지 개선할 수 있을까? 여기에는 한계선이라는 게 없다. 자신이 어느 수준에 도달하여 아무리 뿌듯해 한다고 한들 이 게임에는 끝이라는 것이 없기 때문에 계속해서 발전할 수 있다.

　이 진정한 게임에 참여하기로 마음먹었는가? 그렇다면 게임을 통한 성취감이 안겨줄 행복과 기쁨에 흠뻑 취할 준비를 하라. '서로 돕기 게임' 에서는 누구나 승자가 될 수 있기 때문이다.

　진정한 게임에 정통하려면 우선 게임이 진행되는 공간적 배경을

이해해야 한다. 그러므로 우리가 살아가는 공간, 온갖 천지만물이
살아 숨 쉬는 세계, 즉 '우주'에 대해 설명을 시작해보겠다.

우리가 살고 있는 우주는 가장 큰 은하계에서 가장 작은 입자에 이르는 모든 물질을 아우르는 말이다. 각 '개체' 는 육안으로 보이든 보이지 않든 모두 에너지로 구성되어 있다. 쉽게 말해서, 우주는 무한한 에너지의 발현이다.

모든 에너지, 즉 우주 안에 존재하는 모든 천지만물 속에는 무한하고 영원하며 의미심장한 '사랑의 지능' 이라는 것이 있다. 에너지의 본질에 대한 여러 가지 표현 가운데 '지혜의 영' 혹은 '신', 더 쉽게 말하면 '사랑' 이라는 말이 있다. '사랑' 은 우주에서 일어나는 모든 활동의 원동력이자 근원이다.

역설적으로 들릴지 모르지만, 인간은 이러한 '사랑' 의 표현체로서 자기 의지만 있다면 주변을 사랑의 바이러스가 넘치도록 만들 수 있다. 인간은 가끔 고통스러운 상황, 모든 것이 뒤죽박죽이어서 무기력해지는 상황을 선택할 때가 있다. 이는 인간이 사악하거나 어리석은 존재여서가 아니라 자신의 진정한 모습을 잠시 망각하고 고삐를 놓아버렸기 때문이다.

그러나 우리의 삶이 뒤죽박죽 얽히고 고통스러운 데는 나름의 이유가 있다. 지혜의 깊이가 무한한 우주는 인간이 스스로 내면을 성찰할 수 있을 때까지, 쉽게 말하면 자신의 진정한 모습, 영원한 사랑의 결집체로서의 모습을 알아볼 때까지 우리가 자초한 상황을 확실히 인식하도록 내버려두기 때문이다.

우리가 자신의 본질을 인식하지 못하는 순간에도 결코 그 본질에서 분리되어 있는 것이 아니다. 개인의 본질은 다른 사람의 본질과 연결되어서, 결코 서로 분리될 수 없는 것이다. 이것이 바로 진정한 의미에서의 '일치' 이다. 쉽게 표현하면 '일치' 란 '우리는 모두 인생의 게임에 참여하고 있고, 우리는 모두 같은 편' 이라는 의미이다.

이처럼 서로 연결되어 있기에 우리는 항상 서로 영향을 주고받는다. 단, 철저히 명확한 법칙에 따른다. 따라서 '우주의 법칙' 이라는 이 법칙을 알면, 우리 모두 '상호 지지' 라는 울타리 안에 있다는 사실을 쉽게 알 수 있다.

'우주의 법칙' 이란 이와 같은 놀라운 울타리 안에서 삶을 위한 완벽한 지침서가 된다. 이 법칙을 따르기만 하면, 모든 사람이 '우주' 와 '우주' 에 존재하는 모든 것, 나아가서는 모든 사람들과 조화를 이루며 살 수 있을 것이다.

 이제 '우주의 법칙'을 더욱 자세히 알아보자. 우선 에너지에 대
한 개념부터 시작해보겠다.

제4장

에너지

에너지란 우주를 구성하는 기본 요소이며, 실체가 있는 에너지와 실체가 없는 에너지로 구분된다. 우리 주변에 있는 자동차, 집, 책, 나무와 같은 것들은 눈으로 볼 수 있는 에너지들이다. 반면 눈에 보이지 않는 에너지는 우주 내에서 에너지의 균형을 맞추는 데 일조한다.

두 에너지는 내부 형태면에서 비슷한 점이 많다. 예를 들어 육안으로 봤을 때 가장 단단할 것 같은 철강 빔이나 콘크리트 벽도 고배율 현미경으로 보면, 둘 다 분자가 이동하는 형상으로 비추어진다.

모든 에너지는 어떠한 에너지이든 간에 진동 상태에 놓여 있다는 공통점이 있다. 진동폭이 낮을수록 에너지의 형태는 밀도가 더 높다. 반면에 진동폭이 높으면 형태의 밀도가 낮아 에너지가 띄엄띄엄 퍼져 있다.

에너지의 또 다른 특성에는 무엇이 있을까? 우주의 모든 것이 에너지이므로, 우리는 항상 에너지와 상호 작용을 하는 셈이다.

우리는 두 가지 방법으로 에너지와 상호 작용을 할 수 있다. 우리 주변을 넘나드는 에너지의 물결을 타고 따라가는 방법과 에너지의 흐름에 역행하는 방법이다.

에너지의 흐름에 역행하는 경우는 언제일까? 우리 주변을 가득 메우고 있는 자연의 섭리를 거스른 결과 삶이 꼬이게 될 때, 우리는 에너지와 남남이 된다. 에너지가 흐르는 방향을 거부하면 우리 안의 에너지 진동 횟수는 줄어들고 이는 심신의 불편함을 초래한다.

한편 자유로운 에너지의 흐름에 자신을 맡기기로 선택하면 마음의 평화가 찾아온다. 이처럼 에너지가 자유롭게 흐르고 평화가 찾아든 상태에서 우리는 '우주의 지혜의 영', 즉 모든 에너지에 내재된 '사랑의 지능'에 마음의 문을 열 수 있다. 또 우리는 모두 에너지로 구성되어 있으므로 이러한 '사랑의 지능'도 언제든지 쉽게 가져다 쓸 수 있다.

마음만 먹으면 이러한 지능을 쉽게 이용할 수 있다는 사실에 공감하는가? 그렇다면 이 책에서 이야기하려는 내용에 대해 쉽게 마음의 문을 열고 받아들일 수 있을 것이다. 우리는 마음이 고요할 때나 내적 평정의 상태에 있을 때 지혜의 영을 느끼고 그 소리를 들을 수 있다.

또 그러한 상태일 때 우리의 본질, 진정한 본연의 모습인 '사랑'

을 느낄 수 있다. 사랑은 에너지와 동의어이다. 자신과 다른 사람들을 사랑하고자 하는 마음만 있으면 우리는 '지혜의 영'은 물론 우주가 줄 수 있는 무한한 풍요로움의 세계로 마음을 열 수 있다.

사랑이라는 무한한 에너지원은 각자 갈망하는 삶을 살기 위해 언제든 가져다 쓸 수 있는 것이다. 쉽게 이해할 수 있도록 장면을 떠올려 보자. 당신은 현재 큰 모래 통을 가지고 있다. 모래 통은 모래로 채워져 있고, 모래사장이 광활하게 펼쳐져 있다. 당신은 모래 통에서 모래를 한 움큼 퍼 올려 지나가는 행인들에게 준다. 모래 통이 비워지면 주변에 널린 무한한 모래로 모래 통을 다시 채워 넣는다.

우주도 이와 마찬가지로 우리가 다가갈 때마다 항상 우리에게 주고자 할 것이다. 우리는 우주의 원리를 이해하고 이를 행동에 옮기면 되는 것이다.

'우주의 법칙'을 생활화하기로 마음먹는다면 우리 주변을 넘나드는 에너지를 수월하고 기분 좋게 접할 수 있을 것이다. 반대로 '우주의 법칙'과 상반되는 지침을 따르기로 한다면, 삶의 자연스러운 흐름에 역행하는 고통과 수고를 겪어야 할 것이다.

선택은 우리에게 있다. 단, '지혜의 영'이 우리가 자연스러운 우주의 질서를 선택하도록 인도해준다는 사실을 기억하라.

제5장 지혜의 영

이른바 '신'으로 칭하기도 하는 '지혜의 영'은 쉽게 말해서 사랑이라고도 한다. 이러한 '지혜의 영'은 우주에서 일어나는 모든 창의적 표현의 근원이요, 본질적인 힘이다. 그리고 신은 우리 마음속에 있으며, 신의 기운은 우리의 마음을 통해 우리 안으로 흘러 들어온다. 그리고 이 흐름에 마음을 여는 순간 우리는 신의 존재를 인식하게 된다.

우리는 신으로부터 여러 경험을 만들어 나가는 능력을 부여받았다. 경험은 '지혜의 영,' 즉 '신'을 어떻게 바라보는가에 따라 다르게 받아들여진다. 당신은 신을 어떻게 떠올리는가? 무조건적인 사랑의 기운, 지원군의 기운으로 받아들이는가? 그렇다면 세상은 진정 안전한 곳이고 세상의 모든 사람은 사랑과 관대함을 베푸는 존재로 받아들여질 것이다.

우리는 신을 머리로 이해한다고 생각하지만 실제로는 감정과 느낌으로 받아들인다. 인간은 태생적으로 감정의 동물이기 때문이다. 흔히들 얘기하는 '인간은 사고의 동물'이라는 말은 인간이 만들어낸 생각에 불과하다.

우리는 때때로 논리 정연한 사고의 틀 안에서 생각하려 한다. 그러나 논리적 사고는 우리가 느끼는 감정이 자유롭게 흐르는 것을 차단하거나 제한하여 지혜의 영으로 향하는 지름길을 돌아가게 한다. 물론 우리 사회는 이성적 사고를 하도록 유도하며, '감정을 억눌러라,' '지혜의 영으로 다가가지 말라'고 주입한다.

그렇다고 자신에게 논리적 사고를 세뇌시킨 사람들을 원망하거나, 그 사람들의 말대로 묵묵히 따른 자신을 자학하지 마라. 우선 한 발 물러서서 큰 그림을 보자. 의식을 깨우는 시작은 멀리, 넓게 바라보는 관점이다. 이러한 거시적인 관점에서 생각하면 자신이 바라는 방식으로 의식을 활용할 수 있는 자유가 있는 한 의식의 무한한 능력을 십분 활용할 수 있다는 진리를 깨닫게 된다. 혼란과 위기의 상황에 대한 선택권은 자신의 자유 의지에 달렸다. 따라서 역경으로 빠져드는 것도 우리에게 부여된 자유 의지에 따른 하나의 선택인 것이다.

이때 어떠한 선택을 하든 그에 상응하는 경험이 생기고, 이 경험은 다음 선택에 영향을 미친다. 당신은 현재 역경 속에서 이미 지칠 대로 지친 상태인가? 그렇다면 이제는 사랑과 평화, 기쁨으로 되돌아가는 여정, 그리고 지혜의 영과 직접적으로 소통할 수 있는 여정을 시작할 준비가 된 것이다.

우주의 법칙을 비롯한 여러 법칙과 우주의 원리를 이해하고 연마하는 중심에 한 가지 중요한 개념이 있다. 바로 '완벽함'의 개념이다. 완벽의 법칙을 최대한 잘 활용하려면, 완벽이라는 것이 공허하거나 비현실적이라는 고정관념을 버려야 한다.

제6장 완벽의 경지

완벽함은 모든 우주의 섭리에서 찾아볼 수 있다. 또한 완벽의 법칙이란 가장 높은 곳에서 삶을 바라보도록 하는 놀라운 법칙이다.

완벽한 우주의 섭리를 보여주는 예는 참으로 많다. 태양은 정확한 양의 열과 빛을 발산하고 대기층의 기체가 완벽한 조화를 이루는 덕분에 인간이 지구에서 삶을 지탱할 수 있다. 또 지구는 100퍼센트 정확한 각도로 자전하고, 수만 번 자전해도 지칠 줄 모른다.

사람은 누구나 굳이 힘을 들이지 않고도 자연스럽게 기대 이상으로 여러 기능을 수행할 능력이 있다. 예를 들어 체내에 들어온 음식물을 소화하기 위해 효소를 분비하고, 공중의 공을 달려가 잡으려 할 때 신체는 순간적으로 여러 가지 계산을 한다. 그리고 정자와 난자라는 두 세포는 서로 결합하여 또 하나의 생명체를 만들어낸다. 그런데 이와 같은 수많은 행동을 할 때 정작 이성적 사고 기능은 전혀 관여하지 않는다.

물론 이성적 기능이 관여할 때도 있다. 우리가 인지하는 바를 엉뚱한 곳으로 인도하여 자신이 만들어낸 잣대로 사물을 바라보게 하는 경우가 그렇다. 그러나 눈은 겉으로 드러나는 모습에 상관없이 완벽함을 볼 수 있는 능력이 있다. 우리에게는 각자의 영적 본질이 서로 소통하도록 할지 말지를 결정하는 권리가 있고, 이러한 영적 본질은 바로 우리의 실체를 진정으로 드러내는 상태이다.

그렇다면 어떻게 일상에서 매순간 완벽의 법칙을 실천할 수 있을까? 우선 겉으로 보이지 않는 부분을 들여다보고, 자신과 다른 사람이 지금의 있는 모습 그대로 완벽한 존재라는 진리를 받아들이면 된다. 진리의 최고봉이라고 할 수 있는 '완벽의 법칙'을 실천할 때, 에너지의 진동폭이 높아져 모든 사람과 일치를 느낄 수 있다.

예를 들어 한 친구가 직장에서 해고를 당한 후 회사를 나와서 바로 당신의 집을 방문했다고 해보자. 친구는 낙담하고, 분노하고, 겁을 먹은 표정이다. 당신은 친구의 행동을 액면 그대로 받아들여 친구가 느끼는 무기력함에 동조할 수도 있을 것이다. 하지만 그와 반대로 '순간적으로 감정이 침체된 거야. 저 친구는 충분히 완벽한 존재이고, 언젠가는 상황의 완벽함을 알게 되겠지'라고 생각할 수도 있을 것이다.

친구의 말을 들으면서 친구의 무력감에 동조되지 않을 수 있다는 것이다. 나아가 그 친구를 완벽한 존재로 인정해줌으로써 암울한 생각에서 빠져나올 돌파구를 마련해줄 수도 있다. 단, 당신이

그의 완벽함을 얼마나 인정해주는가에 따라 친구는 답답함에서 빠져 나올 수도, 혹은 계속 갇혀 있을 수도 있다.

이 '완벽의 법칙'의 핵심은 법칙을 활용하는 사람에게만 그 힘이 발휘된다는 것이다. 완벽의 법칙에 대해 무지하거나 완벽함의 진리를 거부하면 완벽성이 가져다주는 수많은 혜택을 놓치게 된다. 반대로 완벽의 법칙에 수긍하는 사람들은 항상 완벽함을 소유한 우주가 주는 수많은 혜택을 누릴 수 있다.

어떤 생각을 하느냐에 따라 달성할 수 있는 결과가 달라진다. 또 상황과 결과를 어떻게 파악하느냐에 따라 다음 번에 어떤 경험을 할지가 결정된다. 따라서 양질의 삶을 추구한다면 '완벽의 법칙'에서 그 해답을 찾을 수 있다. 삶의 모든 행동과 결정에는 기준이 필요한데, 기왕이면 최상의 결과를 위한 법칙을 활용하는 것이 낫지 않은가? 선택 기준이 완벽함에 가까울수록 우주와 더 쉽게 하나가 될 수 있다.

우주의 완벽함을 수긍하는 사람들은 우주를 신뢰하고, 자신을 신뢰하기 시작한다. 더 나아가 우주 안의 모든 것과 모든 사람을 신뢰하게 된다. 그 결과 우리 주변에 에너지가 자유롭게 넘나들고, '완벽함이란 이런 것이구나'라는 것을 아주 분명하게 깨닫게 되는 것이다.

제7장

자유 의지

완벽의 법칙에서 가장 중요한 것은 개인의 자유 의지, 즉 자율적인 선택이다. 사람은 누구나 매순간 무언가를 선택할 자유가 있다.

그런데 이러한 자유가 있음에도 '나보다는 다른 사람이 더 나은 결정을 내릴 거야.' 하고 생각하는 사람들이 있다. 어렸을 때는 부모님, 조금 더 성장해서는 선생님, 그리고 성인이 되어서는 고용주와 다른 권위자들의 결정권이 자신의 결정권보다 우월하다는 생각에서 비롯된 믿음이다. 그러나 계속해서 이렇게 다른 사람에게 선택권을 넘기다보면, 정작 중요한 선택의 순간에 자신의 결정을 믿지 못하게 되어버린다.

이 과정에서 중요한 진리를 놓치기 쉽다. 그 누구도 다른 누구를 위해 진정한 선택을 대신 해줄 수 없다는 사실이다. 이 진리를 깨닫지 못하면 '자신의 선택'은 그저 다른 사람들이 결정하도록 내버려두는 것에 불과한 것이 된다.

과거에도 그랬고 지금도 매순간 우리는 '선택'의 기로에 놓인다. 따라서 선택의 힘, 늘 우리 앞에 놓이는 힘을 놓치지 않으려면 선택에 대한 진리를 깨달아야 한다.

자율적 선택 혹은 자유 의지를 표현하는 수단은 바로 깨어 있는 의식이다. 이때 '일치'를 느낀다면, 깨어 있는 의식은 인식의 폭을 넓혀준다. 그러나 '일치'에 대한 생각의 끈을 놓치면서 일치에서 벗어나게 되었다고 느끼면 공포가 몰려온다. 대부분 사람들은 이러한 공포가 싫은 나머지 지적 사고를 통해 결정을 내리고 행동에 옮긴다.

그러나 지적 사고에 의존하는 방식에 회의를 느끼는 사람들이 많아지고 있다. 인간의 자유 의지를 활용하여 '지혜의 영'에 의존하는 것이 더 낫다고 생각하는 것이다. 그들이 믿는 '지혜의 영'은 쉽고 순조롭게 삶을 인도해준다. 완벽한 '우주'의 중요한 일부로서 존재하는 모든 사람의 창의성에 물꼬를 틔워 본연의 능력을 자유롭게 최대한 발휘하도록 하는 것이다.

'지혜의 영'을 믿고 우리의 선택권을 맡겨보자. 그러면 이성적 사고는 존재의 위협을 느끼고 이미 완벽하게 존재하는 우주를 굳이 바꾸려 고집을 부릴 것이다. 그러나 이성적 사고를 제어하고 우리 내면에 있는 영적 본질의 가치, 즉 내재적 완벽성을 끌어내는 아주 간단한 방법이 있다. 그저 '지혜의 영'에 완전히 선택권을 내어준 사람들에게서 어떠한 가치가 발산되는지 보고 느끼면 된다.

모든 사람의 내면에는 영적 본질이 존재한다는 사실을 알고 있는 사람들과 영적으로 교류해보자. 영적 '본질'의 삶을 사는 과정에서 '상호 지지'가 얼마나 위대한 힘을 발휘하는지 알 수 있을 것이다. 우주는 '상호 지지 체계'라는 완벽한 체계를 기반으로 작용하는데, 정신적 지지를 실천하는 사람들과 함께하는 것만으로도 이러한 완벽한 우주의 법칙을 따르는 것이 된다.

제8장

정신적 지지 주고받기

우주는 사람들이 서로 정신적 지지를 주고받는 '정신적 지지 공동체'이다. 그 안을 살펴보면 존재하는 모든 것은 서로 연관되어 있으면서 영향을 준다. 일례로, 우주 안의 모든 행성은 각자 중력이 있고, 태양은 식물이 자라는 데 영향을 주며, 식물은 자라나서 동물의 먹이가 된다. 또 지구의 자원을 사용하는 행위는 우리가 들이마시는 공기의 질과 마시는 물에 영향을 준다. 마찬가지로 사람들의 모든 생각과 느낌은 우주 전역에 진동을 초래하고, 이러한 진동은 모든 것에 영향을 준다. 즉, 우리는 모두 거대한 정신적 지지 공동체의 일부로 존재하는 것이다.

그렇다면 정신적 지지 공동체에서 어떻게 각자의 기능을 제대로 발휘할 수 있을까? 우선 정신적 지지를 주고받는 것은 생명체 본연의 특성이라는 진리를 확고히 받아들여야 한다. 이와 같은 진리를 받아들이고자 노력할수록 인생은 더 충만하고 즐거워진다.

한편 인간은 경험을 통해 '강한 자만이 생존한다' 라는 적자생존의 믿음을 키워왔다. 이러한 과정에서 어떤 사람들은 혼자서 용을 쓰며 개인의 목표를 달성하기 위해서는 무조건 이 방식을 따라야 한다고 주장했다. 그 와중에 사람들은 차츰 '다른 사람들의 희생을 통해 행복을 얻을 수 있다', '다른 사람들에 대해 신경 쓰지 않고도 행복을 얻을 수 있다' 라는 생각을 받아들였다. 동시에 영적 본질인 '사랑' 에 대해서도 회의를 느끼는 사람들이 많아진 것이다.

우리가 사는 사회도 마찬가지이다. 사회는 적자생존의 법칙의 미덕을 수용하고 또 권장해 왔다. 하지만 이제는 서로 지지하면서 살고자 희망하는 본연의 상태로 돌아가야 한다. 그렇게 하는 데는 서로간의 지지가 많이 필요하다.

이 책은 사람들이 서로 정신적 지지를 주고받을 수 있는 기반을 마련하는 데 목적이 있다. 이를 위해 정신적 지지의 법칙을 설명하고, 나아가 어떻게 하면 생활 속에서 이러한 원칙을 매순간 적용하여 우리의 내재된 사랑과 완벽한 영적 본질을 더욱 깊이 신뢰할 수 있는지 그 방법을 설명하고자 한다.

그렇다면 첫 단계는 무엇일까? 우선 주변 환경을 조화롭고, 애정이 넘치며, 서로 간에 지지할 것인지를 좌우하는 선택권이 항상 우리에게 있다는 생각을 떠올린다. 집이든, 직장이든, 학교든, 마트나 콩나물시루 같은 버스 안이든 장소를 불문하고 우리는 주변 환경의 분위기를 바꿀 수 있다. 시간과 장소에 구애받지 않고 '정신적 지지의 법칙'을 몸소 실천하는 것이다. 그러나 막상 사회적 분위기는 경쟁 위주로 몰아가는 것이 대세이므로 기를 쓰고 혼자서 실천할 것이 아니라 정신적 지지의 삶에 대해 같은 생각을 하는 사람들과 함께하면 더 큰 힘을 얻을 것이다. 이러한 모임에서는 정신적 지지의 삶을 실제로 체험할 수 있어 놀라운 위력을 발휘한다. 정신적 지지 모임에 대해서는 이 책의 후반부에서 다시 자세하게 다루기로 하고, 잠시 휴식 시간을 갖자.

착각이란 우리가 진정으로 옳다고 생각하지만 실제로는 틀린 생각이다. 고정관념처럼 착각도 시간이 지나면서 차츰 변화한다. 그러나 이른바 진정한 것, 옳은 것은 항상 존재한다.

우리의 영적 본질은 항상 존재한다. 겹겹의 의심과 공포의 이면에는 우리의 진정한 모습인 '순수한 사랑'이 자리 잡고 있다. 언제라도 마음먹고 우리 내면이나 다른 사람들에게서 순수한 사랑을 찾으려고 하면 우리의 진정한 영적 본질을 찾을 수 있을 것이다.

그럼 어떻게 해야 가장 효과적으로 잘못된 인간적인 생각에서 벗어날 수 있을까? 답은 바로 불변의 진리에 늘 깨어 있는 것이다. 그렇다면 사람들이 옳다고 생각하지만 실제로는 틀릴 수 있는 착각이 존재하는 까닭은 뭘까? '물가 상승은 기정사실이다'와 같이 우리가 이미 정해놓은 '인간적인 생각'에 큰 의미를 두기 때문이다.

즉, 고착화된 생각에 큰 비중을 두기 때문에 착각이 생겨난다. 고정관념이란 의식적인 것일 수도 있고 무의식적인 것일 수도 있다. 사람들은 무의식적으로 수많은 통념을 믿고 살기 때문에 그 만큼 많은 착각을 하고 사는 것이다. 그러나 누구나 언제든지 사회적 시선과 상관없이 이러한 허상을 초월하는 눈으로 세상을 바라보며 살아갈 수 있다. 단, 허상 그 자체를 있는 그대로 직시해야 한다.

예를 들어 당신이 자기 소유의 집에 대해 주택 담보 할부금을 내고 있거나 아파트에 세 들어 살며 월세를 내고 있다고 생각해보자. 이처럼 대출금을 고정적으로 지급해야 하는 상황을 족쇄나 무거운 금전적 부담으로 받아들이는 사람들이 있다. 이는 은행에서 받은 대출금으로 집을 소유하는 특권이나 세입자로서 다른 사람의 아파트에 일정 기간 거주하는 특권을 무시한 것이다.

집주인이든 세입자이든 앞에 언급한 두 가지 상황은 은행 대출금의 대가에 대한 가치를 제공하는 것이다. 원리금 상환이나 월세 납부는 우리가 누리는 특혜에 대한 고마움의 표시라고 생각해보면 어떨까? 그러면 이러한 경험을 둘러싼 에너지가 움직이기 시작하여 무거운 족쇄는 어느덧 고마움을 느끼는 홀가분한 마음으로 바뀔 것이다.

주택 담보 할부금과 월세를 족쇄로 인식하지 않고 은행과 집주인의 '영적 본질'과 소통한다는 관점에서 본다면, '일치'의 느낌으로 마음의 문을 여는 셈이다. 또 밖에서만 맴도는 듯했던 에너지가 우리에게 돌아오는 것이다. 그리고 다른 사람들에게 준다고 생각했던 에너지가 더 넓어진 인식의 형태로 다가온다.

워크숍을 하다보면 다양한 질문을 받는다. 자주 받는 질문을 다음과 같이 모아보았다.

질문:

착각으로 가득한 통념들에 대해 내가 아무리 초월하려고 해도 주변 사람들은 그런 통념을 버리지 않는다면 어떻게 해야 하는가?

답변:

이 질문은 우리 삶의 두 가지 측면을 말해준다. 우리는 통념을 고수하는 삶을 사는 개개인들이기도 하지만 동시에 각각의 통념을 고수하는 사회의 일원이기도 하다. 이때, 개인과 사회가 믿고 있는 통념이 다르면 흥미로운 결과가 나온다.

간단하게 답을 하자면, 질풍노도의 상황에서 개인은 충분히 마음의 평정을 경험할 수 있다. 개인이 속한 사회의 상황이 혼란스러울수록 개인은 더 높은 수준의 평정을 유지하도록 노력해야 한다.

물론 각 개인이 스스로 평정에 도달할 수도 있겠지만 주변 상황이 미치는 영향을 피해갈 수 없다. 우리는 모두 서로 깊이 연관되어 있어서 모든 사람이 뿜어내는 에너지의 진동에 민감하기 때문이다.

누군가의 삶의 질이 개선될 때마다 그 사람에게서 뿜어져 나오는 에너지는 더 큰 폭으로 진동한다. 그리고 주변 사람들은 그러한 삶의 변화에 대해 의식적으로는 모를지라도, 그 기운은 알아차린다. 이때 느끼는 진동의 폭이 클수록 기존의 통념을 계속 붙잡고 있기가 어려워진다. 기존의 통념은 진폭을 낮추려고 하기 때문이다.

이제는 실생활의 예를 들어보겠다. 친구가 먼저 약속을 잡아놓고는 시간이 다 되어서 갑자기 취소했다고 가정해보자. 그럴 때 당신은 정신적 지지 모임에서 그 친구를 용서할 마음이 들도록 모임 참가자들에게 지지를 구해볼 수 있다. 모임 참가자들의 애정 어린 지지를 얻으면 당신의 마음속에 용서의 느낌이 생겨날 것이다. 그 결과 당신의 에너지 진폭이 커지고, 진정으로 용서를 받은 친구의 에너지 진폭도 커진다. 그뿐만 아니라 그 이야기를 마음으로 들어준 지지 모임 참가자들의 에너지 진폭도 커진다.

당신의 삶이 평화로운 단계로 접어들면 에너지의 전반적인 진폭이 높아진다. 당신이 발산하는 높은 에너지 진폭은 에너지가 꽉 막혀 있는 사람들에게 편안한 위로가 되고, 사람들은 내적으로 더 높은 진폭을 쉽게 느낄 수 있다. 물론 이러한 진폭의 변화는 의식적으로 인식하지 못한다.

하지만 이러한 과정을 보고 느끼는 가운데 평화를 갈구하는 사람들이 늘어나고 있다. 매년 섣달그믐에 평화를 위해 함께 모여 명상하는 사람들이 늘어나는 것만 봐도 알 수 있다.

따라서 우리의 역할은 두 가지로 요약할 수 있다. 우선 통념에서 벗어나 더 넓은 영역으로 나아가고, 또 다른 사람들도 자신이 믿어왔던 통념에서 벗어나도록 도와주는 것이다. 이를 통해 지구상의 모든 사람과 모든 사물의 의식의 폭(즉, 진동 폭)을 높일 수 있고, 결국 모든 사람의 삶의 질이 개선될 것이다.

우리가 믿는 고정관념의 틀은 우리의 삶에 지대한 영향을 미치므로 어떻게 이러한 틀이 생겨났는지 생각해보는 것도 도움이 될 것이다.

제10장

통념(자신이 믿어왔던 생각)의 근원

인간의 경험에 근간을 제공하는 통념, 즉 자신이 믿어왔던 생각은 뿌리와 골이 깊다. 그리고 이러한 자신이 믿어왔던 생각은 우리의 본연의 모습대로, 즉 신을 사랑하는 존재로서 살아가는 데 걸림돌이 된다.

이러한 고정관념은 대부분 세대에 걸쳐 답습되기도 하고 유년 시절부터 쌓여가기도 한다.

그렇다면 고정관념은 어떻게 생겨날까? 어떤 사건을 겪고 나면 아이는 그와 관련해 어떤 느낌을 받을 수 있는데 그 느낌은 사건의 특성에 따라 달라진다. 예를 들어 따스하고 애정 어린 포옹과 같은 기분 좋은 상황에 대해 아이는 '좋은' 경험으로 해석한다. 또 이때 한 줄기의 생각이 고착화된다. 사건을 경험한 후에 생겨난 느낌이 뿌리를 내려, 느낌과 생각이 연관 지어지는 것이다.

반대로, 아이스크림을 먹다가 옷에 흘려 야단을 맞았다면 아이는 해당 사건을 '안 좋은' 경험으로 해석한다. 그리고 앞의 경우와는 또 다른 고정관념이 생겨난다.

그저 스치고 지나가는 생각과 고정관념은 엄연히 다르다. 스치고 지나가는 사건과 깊은 감정에 영향을 미치는 사건이 서로 다른 것처럼. 우리가 갖고 있는 수많은 고정관념은 그것에 대한 느낌이나 감정이 얼마나 많은가에 따라 그 중요도가 다르게 나타난다. 특정한 고정관념이 얼마나 큰 힘을 발휘할지는 바로 여기에 달렸다.

인간적인 생각은 우리가 사물을 바라보는 방식에 직접적인 영향을 주는 깊은 정서적 경험이며, 삶의 질에도 영향을 미친다.

그렇다면 사람들은 삶에서 일어나는 사건을 어떻게 해석하는가? 대부분의 사람들이 인생은 애초부터 즐거움과 풍요로움과 거리가 멀다고 생각하기 때문에, 이러한 통념과 맞아 떨어지는 경험들만 그들 앞에 놓이는 것이다. 실제로 우리는 자신이 갖고 있는 통념에는 어떠한 것들이 있는지 인지하거나 깨어 있으려고 하지 않는다. 그러다가 이러한 통념과 맞아 떨어지는 경험을 하면서 '나의 내면에는 어떠한 통념들이 있는가?'를 생각해보게 된다.

한편 통념은 진리를 왜곡해서 받아들이기에 진리를 변화시키지 못한다. 우주는 우리의 영적 본질에 대한 진리(즉, 신의 사랑이 우리 마음 안에 현존한다는 사실)를 알려주기 위해 계속해서 많은 신호를 보낸다. 신이 보내는 이 다양한 신호는 우리에게 엄청난 기회가 될 수 있다. 신의 신호에 눈을 떠보자. 그러면 착각과 한계로 가득한 자신이 믿어왔던 생각을 초월하고 우리가 속한 완벽하고 풍요로운 우주의 진리를 음미할 수 있을 것이다.

그렇다면 신의 신호란 어떤 것인가? 신호는 기본적으로 두 가지이다. 우리가 신의 신호인 우주의 섭리에 따라 행동하면 몸은 편한 상태가 되고, 그렇지 않으면 몸은 불편함을 느낀다. 신의 신호를 다른 방식으로 설명하면 이렇다. 우리가 우주와 조화를 이룰 때 신호는 우리 '마음속에' 존재하고, 우주와 조화를 이루지 못할 때는 '머릿속에' 존재한다.

진리는 우리의 마음속에 존재한다. 자신이 믿어왔던 생각에 귀 기울이는 것으로는 진리를 알 수 없다. 그렇다면 우리는 자기 마음의 소리를 어떻게 들을 수 있을까? 바로 '직관'을 통해서 가능하다.

제11장

직관

내가 오랫동안 알고 지낸 필 라우트(Phil Laut, 《돈은 나의 친구 *Money is My Friend*》의 저자)는 직관에 대해 내가 지금껏 들어본 중에서 최고의 정의를 내렸다. "직관이란 우리의 생각 중간 중간에 '지혜의 영'이 우리에게 말을 건네는 것이다.", '지혜의 영'이 전하는 말을 들으려면 '사고'의 체계 버튼을 잠시 꺼두어야 한다. 가장 쉬운 방법은 우리의 느낌에 최대한 깨어 있는 것이다.

우리 내면의 고정관념은 이렇게 외친다. "직관 따위는 무시해! 통념에 의존해! 마음은 닫고 느낌은 무시해!"라고 이야기한다.

어떤 기술이든 마찬가지이겠지만, 직관을 알아듣는 기술을 숙달하려면 분명하고 강력한 의지가 필요하다. 이러한 의지를 키워나가려면 우선 통념이 직관보다 우월하다는 생각부터 버리자. 그리고 관심의 초점을 '사고'에서 서서히 '감정'으로 옮긴다. 이러한 과정에서 직관의 느낌과 직관의 소리를 인식하게 된다. 그러면 직관의 힘에 온전히 맡기고, 그 결과를 주목한다. 이 과정을 연습하다 보면 '진정한 직관'과 '직관의 탈을 쓰고 있는 인위적인 생각'이 어떻게 다른지 알 수 있다.

그러나 실생활에서 특정 결과를 위해 투자할 때 직관의 소리를 듣지도, 따르지도 않는 경우가 많다. 대학에서 자연 계열 학과를 전공하는 3학년 학생의 이야기를 해보겠다. 어느 날 그 학생은 자신이 진정으로 하고자 하는 분야가 그래픽 디자인이라는 사실을 깨달았다. 하지만 직관의 신호를 그대로 따른다면 당장이라도 학업을 중단하고 디자인으로 방향을 선회해야 할 것이다.

그러나 그녀의 직관은 중도 포기보다는 현재 자신의 전공을 제대로 이수할 것을 권할 수도 있다. 이 상황에서 그녀는 그래픽 디자인에 대한 관심이 3년 동안 자신의 학과를 전공하는 데 들인 노력과 시간의 산물보다 더 중요한지 깊이 따져보고자 할 것이다.

직관을 찾아서

직관을 체험해보는 방법 중에 재미있으면서도 유용한 것이 있다. 바로 그림 그리기이다. 색연필, 물감, 분필, 연필 중 무엇이든 상관없다. 생각의 끈을 완전히 놓아버리고 자신의 감정을 있는 그대로 표현해보라. 본능적으로 손이 가는 색상을 골라서 손이 가는 대로 그려보자. 자신에 대해 많은 것을 알게 될 것이다.

이렇게 여러 번 그림을 그리다보면, 어느새 그림에서 일관성이 보이면서 더 자신감 있고 자유롭게 표현할 수 있을 것이다. 이와 같은 과정에서 자신의 직관과 소통하게 된다.

이밖에도 음악, 춤, 운동, 무술을 통해서도 직관을 탐색해볼 수 있다. 이처럼 직관적으로 반응해야 하는 기회를 만들고 체험하면서 아집을 버리는 것이 어떤 느낌인지 알게 된다. 아집을 버리는 것 또한 직관의 한 모습이며, 이를 통해 우주의 완벽성을 신뢰할 수 있다.

자신의 심신이 안정되었다고 느낄 때를 골라 '우주의 법칙'을 행동에 옮겨보라. 그림, 춤, 테니스 등을 통해 우주의 법칙을 편하게 받아들이는 것도 명상만큼이나 소중하다. 우주의 법칙을 몸으로 받아들이기에 가장 적합한 시간과 장소를 선정한다. 그리고 당신이 이러한 체험 과정을 쉽고 재미있게 경험하도록 우주가 적극적으로 지지해준다는 것을 기억하라. 삶이 고단하고 분주할 때보다는 평화롭고, 조용하며, 편안할 때 경험해보라.

질문:
기득권이 팽배하면 직관을 따르기 어렵다고 했는데, 기득권이란 구체적으로 무엇을 가리키는가?

답변:

　우리 사회에는 이미 기득권 위주의 행태가 팽배하다. 사적인 욕심이 결정에 여러 방식으로 영향을 줄 수 있다는 점에 주목해보자.

　우선 직장에서 일어나는 상황을 보면 잘 알 수 있다. 전문직, 사무직, 판매직, 임원, 노무직을 불문하고 모든 사람의 잠재의식 속에는 '살아남으려면 내가 생각하는 방식으로 밀고 나가야 해'라는 생각이 뿌리 내리고 있다. 이런 생각은 그와 관련된 인간적인 생각들을 만들어낸다.

　한때 내가 변호사로 일했을 때, '과실 불문 보험(일종의 본인 보험인 과실 불문 보험은 교통사고가 발생했을 때 본인의 보험 회사가 본인의 과실 여부를 따지지 않고, 본인의 의료비와 상실 소득에 대해 무조건 보험금을 지급하는 제도이다. 과실 소재를 규명하기 위해 소모되는 시간과 소송에 관련된 변호사 비용을 줄이자는 취지이다.)'이 처음 도입되었다. 교통사고 과실 부문은 내 영역이 아니었기에 당시 나는 제도가 바뀌어도 나에게 영향을 주지 않을 것이라고 생각했다. 하지만 곧 다른 생각이 머리를 스쳤다. '그럼 교통사고 과실 분야의 변호사들이 어느 쪽으로 눈을 돌릴까?' 결국 내 전문 분야인 부동산 부문으로 몰릴 것이라는 결론에 도달했다.

　당시 과실 불문 보험이 내 생계에 위협이 될 것이라고 생각은 했지만 사실 개인적으로는 법 개정이 옳은 방향으로 나아가고 있다고 생각했다. 따라서 개정법을 지지하는 목소리를 내고자 했다. 하지만 다른 일부 변호사들은 신규 관련법의 취약점에 대해 글을 기고하며 반대하는 목소리를 높였다. 대중의 관점에서 현 상황을 유지해야 하는 정당성을 피력한 것이 아니라 단지 자신들의 관점에서 기득권에 위협이 되기에 개정법을 비판한다는 점을 알 수 있었다.

이 책을 읽는 독자라면 기득권에 대해 제대로 파악해야 한다. 어쩌면 당신은 이 책에 기술된 여러 법칙과 철저히 상반되는 기득권을 누리는 쪽에 속할 수 있다. 따라서 그러한 자신의 입장 때문에 여기에 소개된 여러 가지 개념을 쉽게 받아들이지 못하지는 않는지 더욱 민감하게 살펴보아야 한다.

우주의 법칙에 대한 진리는 머리가 아닌 마음으로 깨닫는다는 점을 기억해야 한다. 이 진리는 직관의 목소리를 통해 들을 수 있다. 이 직관과 소통하도록 해주는 것은 바로 우리의 느낌이다.

흔히 감정과 느낌이란 혼란이나 공포를 자아낼 수도 있는 추상적이고 불명확한 분야라고 생각하는 경우가 많다. 그러나 느낌의 기능을 이해하고 감정에 대해 적극적으로 고찰할 때, 이 느낌을 통해 우리가 발산하는 힘, 창의력, 무한한 풍요로움의 근원이라는 심오한 진리를 알 수 있을 것이다.

제12장

감정, 생각 그리고 느낌

감정, 생각, 느낌은 이해할수록 수많은 우주의 법칙을 더 깊이 이해할 수 있기 때문에 흥미로운 주제이다.

나는 '감정'을 '생각에 느낌을 부여하는 것'으로 정의한다. '생각'과 '느낌'은 둘 다 에너지의 형태로 존재한다. 마음이 평화로운 상태에서 몰입할 때 어떤 반응이 나타날까? 생각은 '마음' 속에서 두둥실 떠다니고, 느낌은 '몸' 속에서 두둥실 떠다닌다. 한가로이 떠다니던 생각과 느낌을 갑자기 걸림돌이 가로막았다고 가정해보자. 에너지는 오도 가도 못한 채 흐름이 막혀버리고 우리 몸은 '불편하다'는 느낌을 받는다. 그렇다면 어떤 이유에서 이처럼 에너지의 흐름이 막히는 것일까? 바로 느낌에 대해 어떻게든 이름을 붙이고 묘사하고 정의하고 해석하려 안간힘을 쓰기 때문이다. 느낌은 해석하거나 판단할 성질의 것이 아니다. 느낌은 그 상태 그대로 존재할 뿐이다. 마치 화폭에 담긴 색깔과도 같다. 색깔에 대해 객관적 기준은 존재하지 않으므로 특정 색깔이 다른 색깔보다 더 아름답고, 의미있다거나 혹은 더 낫다고 판단할 수 없지 않은가? 색깔은 그 상태 그대로 존재하며, 다른 색깔과 공존할 때 대비를 이룰 뿐이다.

느낌도 마찬가지이다. 어떤 느낌이 바람직하다거나 해롭다고 할 수 없으며, 다른 느낌보다 더 중요하다고 할 수도 없다. 그러나 느낌에 대해 어떤 판단을 내리고 가치를 부여하면 물 흐르듯 자연스러운 느낌을 방해해 에너지의 흐름이 막힌다. 느낌에 대해 긍정적이든 부정적이든 어떻게든 묘사, 평가, 해석을 할 경우에도 마찬가지로 에너지의 흐름이 막힌다. 체내에서 자연스럽게 흘러 다니던 느낌이 멈추거나 방해를 받는다.

우리가 경험할 수 있는 느낌은 무한하다. 삶에서 마주하는 경험이 워낙 다양하므로 그만큼 느낌도 다양한 것이다.

다른 관점에서 보면, 느낌이란 에너지가 진동하는 상태이다. 우리는 온갖 종류의 진동과 이에 따른 다양한 진동의 강도를 민감하게 인식할 수 있다. 그런데 모든 진동을 온전히 음미하는 데 방해가 되는 것이 하나 있다. 바로 생각의 과정이다. 해석이나 묘사, 평가와 같은 과정이 없다면 모든 느낌이 발산하는 진동을 충분히 느끼고 음미할 수 있다. 그러나 이성적 사고로 접근하면 에너지가 꽉 막혀 몸이 불편함을 느낀다.

오늘날 여러 첨단 기기의 도움으로 이 분야에 대한 과학계의 관심이 증폭되고 있다. 사람의 몸에 기기를 연결하여 심장 박동, 맥박, 호흡, 체온 및 그밖의 생리 반응을 측정하고 특정한 정서적 반응을 일으킬 수 있다. 이러한 과정에서 흥미로운 것은 완전히 상반되는 감정 상태일 때 서로 유사한 생리적 반응이 나타난다는 것이다. 예를 들어 머리로는 '공포'를 느낀다고 생각하지만 정작 체내에서는 '흥분' 상태일 때와 동일한 생리적 반응이 나타난다.

이러한 실험을 통해 우리가 각자의 느낌에 대해 잘못 분석하고 있다는 사실을 알 수 있다. 우리는 보통 느낌이 생겨나는 상황에 맞추어 그 느낌이 어떤지를 판단한다. 예를 들어 장례식에 참석해서는 '슬프거나 애석하다'라고 느낌을 표현하고, 결혼식이나 생일 파티에 가서는 '행복하다'라고 느낌을 표현한다. 시험을 준비할 때는 '초조하다'라고 한다.

그러나 느낌에 대한 해석은 사실 매우 주관적이다. 과학 실험에서도 알 수 있듯이 느낌에 대한 해석은 실제로 몸에 나타나는 생리적 반응과는 사뭇 다르다. 쉽게 말하면 '그러려니' 하는 어설픈 추측인 것이다.

어떤 상황에 대해 만족스럽지 않다고 판단하면 느낌도 판단을 따라가게 된다. 그러면 즉시 에너지의 흐름이 꽉 막혀 오도 가도 못하게 된다. 반대로 느낌을 해석하고 정의하지 않으면 어떨까? 느낌의 에너지는 자유자재로 우리 몸 안을 흘러 다닐 것이다. 그럼 우리 본연의 상태, 바로 '기쁨'의 상태를 경험할 수 있다.

우주의 완벽함과 우주에서 흘러나오는 모든 에너지를 받아들일 준비가 되었는가? 그렇다면 '기쁨'의 상태로 마음의 문을 열 수 있다. '기쁘다'라는 맥락에서 삶을 경험하면 모든 상황을 제대로 파악할 수 있게 된다. 또 우리의 참 모습을 알고, 우주의 모든 피조물과 완전한 궁합을 이룰 수 있다.

질문:

슬프거나 화가 나는 느낌은 어떤 상황에서도 적절하지 않다는 의미인가?

답변:

우선 느낌에 대해 명확하게 정리하자면 다음과 같다. '사랑'이라고 칭하는 우주의 에너지는 항상 우리 안에 흐르고 있다. 그러나 자신의 느낌에 '화가 난다' 혹은 '슬프다'라고 꼬리표를 달 경우 그 느낌의 고유한 특성을 느끼지 못한다. 느낌이 어떻다고 딱 잘라 이야기한다는 것은 그 느낌이 정말로 어떤 것인지 느끼지 못하고 있다는 말이다. 다시 말해, 스스로 왜곡한 느낌을 느끼고 있다는 것이다.

느낌에 대해 어떠한 설명이나 해석도 하지 않고, 아무 생각 없이 느낌을 그냥 느껴보는 것은 어떨까? 그러면 비로소 진정한 느낌을 체험할 수 있을 것이다. 다음 장에서는 간단한 세 가지 단계로 느낌을 있는 그대로 느끼는 방법을 설명할 것이다.

우선 앞 질문에 답하자면, 친한 친구가 암이나 에이즈 같은 질병에 걸렸다고 가정해보자. 친구로서 마음이 무척 어수선할 것이다. 그러나 완벽함의 법칙을 어떻게든 떠올려보라. 모든 상황에는 나름의 목적이 있다는 법칙을 상기하면 당신과 친구가 힘든 현실을 이겨낼 힘을 얻을 수 있을 것이다. 물론 당시에는 그 목적이 뭔지 몰라 답답할 수도 있다.

모든 영혼은 각기 인간의 몸으로 들어와 인간의 탈을 쓰고 살면서 온갖 경험을 한다. 영혼마다 인간의 몸에 머무르는 기간은 다르다. 오래 머무는 영혼도 있고, 짧게 여정을 마치고 떠나는 영혼도 있다. 이때, 질병이 생기는 것은 영혼이 인간의 몸을 빠져나갈 수 있는 '출구'가 마련된다는 의미이기도 하다. 영혼은 무한한 존재로, 죽지 않는다. 육신을 떠나 다른 세계의 또 다른 삶을 향해 나아갈 뿐이다. 육신은 죽어도 영혼은 '일치'에서 멀어지지 않는다. 모든 사람은 하나로 연결된 끈을 잡고 있는데, 이렇게 우리를 하나로 묶는 사랑은 항상 느끼고 음미할 수 있게 언제나 우리 곁에 있다.

한편 질병을 대할 때는 사랑이고 뭐고 눈에 들어오지 않는다. 그저 에너지가 딱 막힌 상태이다. 마음의 질병을 키우는 것도 몸의 질병과 똑같은 결과를 초래한다. 예를 들어 부모에게 큰 원망을 품고 사는 사람은 부모가 자신을 키운 방식을 원망할 수도 있고, 도저히 용서가 되지 않는 부모의 어떤 행위 때문에 화를 키웠을 수도 있다. 현재로서는 화해할 생각은 추호도 없고 그저 원망과 한을 품고 살고자 한다. 그러나 화를 풀지 않으려 고집하는 것은 부모의 사랑으로부터, 자기애로부터 발길을 돌리는 것이 된다. 자기 자신에 대한 사랑이 없다면 어떻게 될까? 마음의 질병이 뿌리를 내리고 빠르게 악화될 것이다.

다른 누군가와 함께 있을 때, 우주가 항상 완벽하게 돌아간다는 믿음에서 오는 내적 평화에 (물론 겉으로 보기에 우주가 완벽하지 못할 수도 있다) 집중해보면 어떨까? 상대방에게 이러한 내적 평화를 불어넣어 그것을 피부로 느끼게 해줄 수 있다. 그러면 상대방은 자신의 화를 벗어 던지고 부모에 대한 사랑을, 또 결국에는 자기 자신에 대한 사랑도 서서히 느끼기 시작할 것이다.

질문:

기쁨이란 우리 본연의 상태라고 했는데, 그렇다면 장례식에서도 기뻐해야 하는가?

답변:

좋은 질문이다. 이 질문을 받을 때마다 열성적으로 답해주고 싶다. 많은 사람이 '장례식'에 대해 흔히 오해하는 부분이 있다. 장례식과 관련 있는 우주의 법칙에 대해 잘못 알고 있는 점들이다. 우리의 영혼은 실제로는 죽지 않는다. 우리의 영적 본질이라고 할 수 있는 진정한 자아는 불멸의 특성이 있다. 다만 우리가 영혼이 육신을 떠나는 시점을 모른다는 점 때문에 오해할 뿐이다.

'지혜의 영'은 모든 사람에게 자유 의지를 주었다. 우리가 무슨 권리로 타인에게 해야 할 것과 하지 말아야 할 것을 정해줄 수 있는가? 그리고 해야 할 것과 하지 말아야 할 것을 어떻게 딱 잘라 구분할 수 있는가? 누군가가 나에게 무슨 색 셔츠를 입고, 무슨 음식을 먹으며, 어떤 차를 몰아야 하는지 정하도록 내버려두겠는가? 누군가의 영혼이 육신을 떠나는 시점이 과연 당사자의 배우자나 자녀 혹은 친구가 '지금은 너무 빨라.' 또는 '아니야. 떠날 때가 된 것 같아.'라고 판단할 수 있는 문제인가? 다른 이의 행동을 '이래야 한다, 저래야 한다'라고 지시하는 것과 무엇이 다르단 말인가? 이렇게 판단하는 것은 당사자 개인의 자유를 침해하는 행위이다.

우리 사회는 장례식이 슬픈 분위기여야 한다는 고정관념을 만들었다. 하지만 우리의 영혼은 죽지 않고, 또 마음만 먹으면 죽은 사람들과도 정신적으로 소통할 수 있는데, 왜 그렇게 고통스러워해야 하는가? 선원들은 항해 중에 누군가가 익사하면 성대한 파티를 열어준다. 장례식도 마찬가지의 예식이 될 수 있다. 그 어떤 항해보다 더 멋지고 위대한 새로운 여정을 위해 축배를 올리는 것이다.

그러면 장례식은 사람들이 한데 모여 뜨거운 감정이 하나 됨을 느끼고, 서로 끈끈한 정을 느끼며, 이를 통해 진정한 기쁨을 느끼는 만남의 장이 될 수 있을 것이다.

앞에서도 언급했듯이 느낌이 왜곡되는 것은 '생각'을 결부시키기 때문이고, 이때 '감정'은 느낌을 왜곡시킨다. 그래서 느낌을 진정으로 느끼고 표현하는 행위와 우리의 감정에 내재된 '힘'을 느끼고 활용하는 행위가 위험하다는 생각을 하게 된다.

당연히 이러한 생각은 잘못된 것이다. 그렇다면 왜 이런 생각을 하게 되었을까? 그것은 우리가 가진 힘과 거리가 생길 때는 유한한 인간적인 경험을 하기 때문이다. 그리고 우리의 느낌을 진정으로 헤아리고, 느낌 안에 존재하는 '힘'을 느끼려면 목적의식이 필요하다. 눈치만 보던 느낌이 두려움을 걷어버리고 느낌을 왜곡한 이성적 사고와 멀찌감치 떨어져서 진정한 느낌을 느끼려면 어떻게 해야 할까? 우선 느낌을 있는 그대로 느끼려는 마음이 있어야 한다. 왜곡된 것처럼 보이는 느낌이든 눈치를 봐야 하는 느낌이든 상관없다. '느끼기 연습'은 아주 쉽고 분명하게 그 방법을 알려준다.

〈느끼기 연습〉

눈을 감고 몸의 상태를 느끼고자 의식을 집중한다. 지금 이 순간 자신의 몸에 어떤 느낌들이 느껴지는지 관찰한다.

1. 머리를 스치는 생각들을 편하게 느껴본다. 그리고 그 느낌 속의 에너지와 힘을 느낀다.
2. 느낌을 있는 그대로 느껴본다. 그 느낌 속에서 느껴지는 힘에 대해 사랑하는 마음을 느낀다.
3. 느낌 자체를 느끼고, 느낌 속에 내재된 힘을 인식하는 자신에게 사랑하는 마음을 느낀다.

자신이 느낀 느낌에 대해 딱 잘라 어떻다고 이름을 붙이거나 설명하거나 판단하지 않고 있는 그대로 느껴보기 시작하면, 그 느낌 안에 '에너지'가 있다는 것을 알 수 있다. 그리고 그 에너지 속에는 '진동'이 있다. 에너지가 몸속에서 진동할 때 그 강렬한 '비트'를 관찰한다. 마지막으로, 에너지의 박동을 '힘'으로 느껴본다. 이 '힘'은 자신의 '힘'이 되어 강렬함을 발휘한다.

우리는 아주 오랜 세월 동안 자신의 강렬한 느낌을 억누르라고 교육받았다. 자신의 느낌과 친해지는 과정은 처음엔 인내가 필요하다. 느낌을 족쇄에서 풀어주는 과정에서 삶에 넘쳐나는 활력과 다채로움을 음미하기 위한 첫 단계이기 때문이다.

슬프거나, 화나거나, 무섭다는 등의 여러 느낌에 꼬리표를 붙이면 그 느낌 안에 있는 에너지의 발목을 붙잡아 심신이 불편해진다. 꼬리표는 멀리 던져버려라. 그러면 내재된 '힘'이 부메랑이 되어 돌아와 서서히 편안함이 느껴지고, 자신이 느낌을 느끼는 과정을 음미할 수 있게 된다.

왜곡되지 않은 느낌, 두려움이 없는 느낌은 기쁨의 일부이기도 하다. 기쁨은 여러 가지 모습으로 우리에게 다가온다. 번뜩이는 영감이나 유쾌한 웃음을 주기도 하고, 마음을 차분하고 고요하게 하기도 한다. 따뜻한 연민이나 보살핌의 마음을 심어주고, 마음을 흔들어놓고 결심을 하고픈 마음이 들게 하기도 한다. 기쁨의 특성은 실로 무한하다.

느낌을 있는 그대로 느끼는 방법을 연습하는 과정에서 자기 자신과 타인에 대한 신뢰가 쌓인다. 연습에 연습을 거듭하면, 결국에는 느낌을 진정으로 느낄 수 있다. 있는 그대로, 더하고 뺄 것도 없이 완전히, 자유롭게, 두려움을 느끼거나 왜곡시키지 않고 느낄 수 있다. 그러고 나면 모든 느낌이 진정한 기쁨을 가져온다. 그리고 이것이야말로 모든 사람의 영적 본질과 깊이 있게 소통할 수 있는 방법이라는 것을 알게 된다.

인생이란 마음을 통해 느낌을 경험하는 과정이다. 판단을 버리고 마음을 열면 어떤 기쁨이 찾아올까? 자신과 타인, 그리고 우리가 사는 세상을 사랑하는 느낌이 주는 기쁨이 찾아온다. 또 우리의 마음을 열면 인생이 우리에게 선사하는 아름다움, 생생함, 신비로움, 영감에 한발짝 가까이 다가갈 수 있다.

질문:

느낌을 느끼는 것이 중요한 것은 알겠지만, 자신의 개인적인 느낌을 느끼기란 쉽지 않다. 어떤 면에서는 심한 부담으로 다가온다. 어떻게 접근해야 할까?

답변:

우리는 그동안 온갖 느낌을 억눌러 왔다. 이런 저런 느낌을 억눌러 버리는 것이 차라리 낫다고 '생각' 하게 되었기 때문이다. 그런데 느낌을 억누르면 느낌 속에 내재된 '힘' 도 억누르는 셈이 된다. 그래서 우리의 느낌을 자유롭게 느끼는 것이 불안하거나 부적절하다는 '생각' 이 들면 우리는 자신의 '힘' 을 꽉 옥쥔다.

사람은 누구나 자신의 '힘' 을 끌어내어 드러내려는 갈망이 있다. 이러한 본능이 강해지면 억눌린 느낌이 살며시 고개를 내민다. 어찌 보면 소름 돋는 일이기도 하다. 진정한 느낌을 느끼려는 갈망도 고개를 들지만 그와 동시에 느낌이 싹틀 무렵 씨를 말려버리려 했던 두려움이라는 녀석도 함께 등장하기 때문이다. 그러나 너무도 무섭고 두려운 나머지 우리의 느낌과 느낌 안에 갇힌 진정한

'힘'을 자유롭게 완전히 느낄 수 없다면 어떨까? 점점 그러한 느낌의 강하게 느껴질 것이다.

인생은 이러한 수많은 외부 갈등으로 채워져 있다. 가족 간의 다툼, 이혼, 질병, 법정 공방, 전쟁을 비롯해 매우 많은 갈등 상황이 존재한다. 우리의 감정이 얼마나 억눌려 있는지 보여주는 사례들이다.

바로 이러한 이유에서 '느끼기 연습'을 하는 것이다. 이를 통해 억눌린 느낌을 느끼고 갇힌 에너지를 내보낼 수 있다. 그러면서 서서히 여러 갈등 상황이 생겨날 이유가 줄어든다. 이 연습을 정기적으로 해보자. 이 연습이 바로 우리 본연의 힘을 찾고자 하는 갈망을 채울 수 있는 지름길이다.

'느끼기 연습'에서 '가장 적합한 연습 시간'을 강조하고 싶다. 당신의 현재 느낌이 그다지 강렬하지 않을 때 '느끼기 연습'을 해보라. 효과가 가장 높을 것이다. 아니면 아침에 눈을 뜨자마자, 그리고 밤에 잠들기 바로 전에 '느끼기 연습'의 세 단계를 하나씩 해보라. 생각날 때마다 하루에 몇 번씩 연습해도 좋다. 평소보다 몸과 마음의 불편함이 별로 느껴지지 않는다고 판단될 때 '느끼기 연습'을 해보자. 그러면 결국 이 연습이 무의식적으로 생활의 일부가 될 것이며, 진정한 기쁨과 사랑을 가져다주는 모든 느낌을 느낄 수 있을 것이다.

자, 이제 잠시 쉬어가도록 합시다.

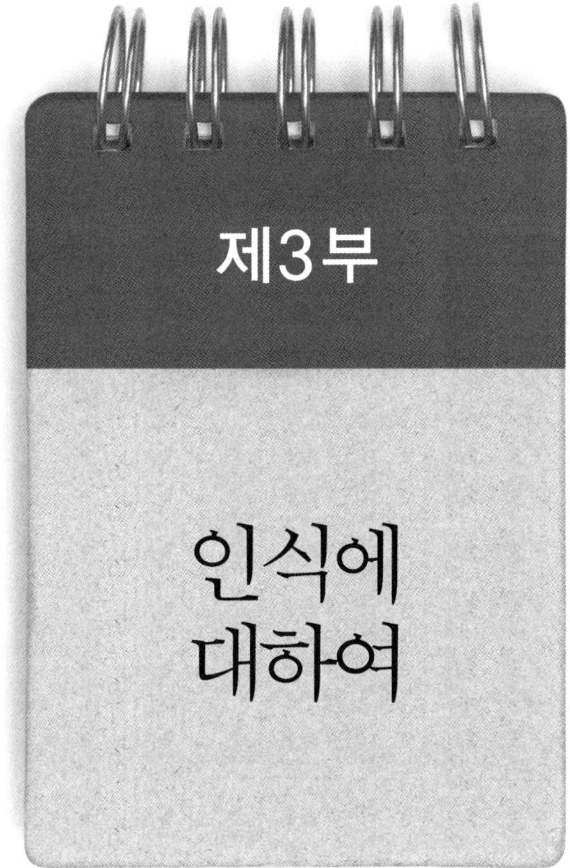
제3부
인식에
대하여

제14장

원인과 결과

'원인과 결과에 대한 법칙' 만큼 수많은 질문을 제기하고 받아들이기 힘든 법칙도 없을 것이다. 이 법칙을 마음으로 받아들이기만 하면 우리가 '상황의 결과로 말미암은 희생양' 이 아니라는 위대한 깨달음을 얻을 수 있는데, 많은 사람들이 받아들이지 못해 안타깝다.

원인과 결과에 대한 법칙은 '상황의 원인 제공자는 우리 자신' 임을 전제한다. 더불어 모든 상황은 이면에는 명확한 의도가 있다고 본다.

상황은 두 가지 차원으로 전개된다.

첫째, '지혜의 영'과 '신', '우리의 영적 본질' 이 관여하는 특정 '원인' 에 신호음이 울린다. 이때는 평화로운 상태, '일치' 를 느끼는 상태, '지혜의 영' 에게 모든 것을 맡기고 우리를 인도하고 도와주도록 의탁하는 단계이다.

둘째, ‘원인’이 우리의 이성적 사고에 신호음을 알린다. 예를 들면 이성적 사고가 우리의 경험을 만들어내는 경우이다.

우리는 ‘자유 의지의 법칙’에 따라 자유롭게 생각할 수 있다. 이때 이성적 사고는 우리가 받아들이는 즉시 기정사실로 머릿속에 입력된다.

이성적 사고가 ‘지혜의 영’보다 중요시되고 여러 이성적 생각에서 비롯되어 뿌리를 내리면 우리는 ‘불편함’의 신호로 인식한다. 불편함의 신호는 이성적인 생각에 수긍하여 우리가 아닌 외부의 누군가, 혹은 외부의 무언가에 우리의 내재된 힘을 써버리는 결과를 낳는다.

간단히 말하자면, 부모나 선생님에게서 배운 생각을 의식적으로 받아들이겠다고 합의했다는 사실을 인정하는 것이 중요하다. 이러한 생각을 일단 받아들이고, 한 발 물러서서 바라보자. 바로 자기 자신이 그 상황을 불러일으킨 장본인이라는 사실을 알게 될 것이다.

때로는 강렬하고 감내하기 어려운 상황도 있다. 예를 들면 경제적 궁핍, 학대, 심각한 질병으로 고통 받는 상황이다. 이뿐만 아니라 어릴 적 겪었던 극심한 가난, 아동 학대, 부모의 이혼이나 알코올 중독과 같은 경험에서 비롯된 고통이 현재까지 지속되는 경우도 있다.

그러나 일단 우리가 현재의 상황에 놓이겠다는 결정은 바로 우리 자신이 내린 것이다. 이 점을 인정하자. 왜 그러한 결정을 내렸는가? 특정한 상황을 에워싼 에너지의 문을 두드려서 자신과 주변의 사람들이 이성적으로 판단하건대 여러 가지 한계를 극복할 수 있다고 생각했기 때문이다.

물론 그렇게 생각하고 결정을 내렸다는 사실은 망각했을 수 있다. 반면 자신의 내면에 있는 '지혜의 영'에게서 전적으로 계속 도움을 받는다는 사실을 알고 있으면 한계를 극복하는 데 도움이 된다. 또, 우리는 무의식적으로 무엇을 알고 있었는가? 바로 이제는 '지혜의 영'의 애정 어린 지지를 받아 우리가 자초한 상황에 쏟아부은 힘을 되찾을 수 있다는 사실이다. 그리고 강력한 도움을 주고받으며 힘을 실어줄 수 있다는 것도 알고 있다.

우주는 진정한 정신적 지지 체계이다. 오래 전에는 우주의 법칙을 그리 중요시하지 않았지만 이제는 많은 사람이 적극적으로 이 법칙을 실천하고 있다. 다양한 종류의 지지 모임이 생겨나고 성장하는 것만 봐도 인간은 타인의 도움을 필요로 하며, 이러한 정신적 지지의 중요성에 대한 공감대가 커져가는 것을 알 수 있다. 실제로 우리가 정신적 지지의 흐름에 합류할 때, 서로 도움을 줄 수 있는 힘, 창의력, 갈망은 무궁무진하다.

가해자와 피해자의 관계에 대한 생각

우리 사회에 만연한 여러 보편적 사고 중에 가해자와 피해자의 관계에 대한 사고가 지배적이다. 이러한 생각은 극단적 상황을 비롯해서 다양한 상황에서 나타난다. 그러나 이러한 상황에 처해있는 사람들의 영적 본질을 보고 느낄 수 있을 정도로 직관을 넓혀가게 되면, 가해자와 피해자의 관점으로만 보던 상황이 바뀌어 무조건적 사랑과 정신적 지지의 정서가 녹아 있는 상황으로 변한다. 서로 남남이라는 '불일치' 보다는 '일치'의 관점에 초점을 맞추면, 충분히 생각을 전환할 수 있는 것이다.

우선 마음의 문을 열고 가해자와 피해자의 관계에서 벗어나고자 하는 의지가 생긴다면 주변인과 주변 상황에 우리가 쏟았던 힘을 되찾을 수 있게 된다. 그리고 더 이상 부모, 상사, 정부 기관 혹은 자동차 사고, 질병, 지진 등 불특정 다수의 불운한 사고나 사건을 대할 때 '나 자신은 피해자' 라는 느낌을 받을 필요가 없게 된다.

자신의 고유한 힘을 찾으라. 그러면 바로 내적 평화를 얻고, '지혜의 영' 이 자유롭게 에너지를 발산하도록 믿고 맡기는 상태가 된다. 내적 평화와 영적인 인도 하에서 우리가 만들어내는 상황은 더 이상 가해자와 피해자의 상황이 아니라 무조건적인 사랑과 정신적 지지의 상황이 된다.

질문:
이 법칙은 받아들이기 어려운 것 같다. 자신의 삶의 모든 상황에 원인을 제공하는 것이 바로 자기 자신이라면 강간이나 살인과 같은 사건이나 매일 전쟁에서 죽어가는 사람들에 대해서는 어떻게

설명할 것인가?

모든 사건은 개인과 집단의 개별 의식 및 공동 의식이 어떠한지를 반영한다. 많은 사람이 강한 증오, 분노, 적개심을 품을 때, 이러한 감정이 소외, 공격, 보복의 에너지를 불러와 악순환이 끊이지 않는다.

그러한 사건의 연루자들은 실제로 억눌려진 강렬한 감정을 표출하기로 마음먹긴 했지만, 애정이 가득한 사람들이다. 사람들이 마음을 열고 개인적 판단 대신 연민과 용서로 채우지 않는 한 그러한 비운의 사건 사고는 꼬리에 꼬리를 물고 계속될 것이다. 모두 마음의 문을 열고 편견어린 판단을 하는 대신 연민을 느끼고 용서한다면 어떨까? 세상의 여러 사고 안으로 사람들이 서로 느끼는 깊은 사랑이 침투하여 빛을 발하기 시작할 것이다.

이 질문은 육신의 죽음은 불행한 것이고 죽음은 비운의 사고라는 생각을 전제로 한 것이다. 과연 그럴까? 그것에 대해서는 거의 죽음 직전까지 가본 사람들의 경험담을 들어보면 알 수 있다. 그런 경험을 해보았다는 수천 명의 사람들은 입을 모아 육신 없는 삶이 그렇게도 감미롭다고 말한다.

그렇다면 과연 죽음으로 향하는 자의 길이 잘못되었다고 결론 내릴 수 있을까? 삶을 이어가는 것, 삶을 떠나는 것에는 각기 목적이 존재할 수 있다. 그 누구도 다른 이의 삶과 죽음에 관해 알 수는 없다. "인생의 한창 때에 그렇게 가시다니. 건강도 좋았고, 먼저 갈 이유가 하나도 없었는데."라고 감히 말할 수 있는가? 당사자의 내적 자아만이 알 수 있는 매우 개인적인 사연, 즉 힘을 찾고 의식을 넓히는 것과 같은 삶의 목적이 있었을 수도 있다. 따라서 죽음에 대한 무한하게 고차원적이고 영적인 이유에 대해서는 다른 사람이 판단할 수 없다.

나는 수년 동안 많은 사람을 대하면서 관찰했다. '원인과 결과의 법칙'을 받아들이면서, 또 현재 자신이 처한 상황에는 다 그럴만한 의미와 이유가 있다고 생각하는 사람들은 자신의 삶이 놀라울 정도로 개선되었음을 경험한다. 그 사람들은 이렇게 말한다. "내 삶에 일어나는 모든 상황은 내가 자초한 것이라는 사실을 받아들이려고 해. 바로 나의 힘을 인정하는 방식이기도 하지."

그러나 극단적인 상황을 예로 들어 '원인과 결과의 법칙'을 부인하는 사람들도 있다. 이들은 어떤 상황 안에서의 인간관계를 가해자와 피해자의 관계로 규정하고, 자신의 내재적 힘을 인정하지 않으며, 자신의 내재된 힘을 활용할 수 있는 모든 기회를 놓쳐버린다. 그 결과 자신이 만들어놓은 생각의 굴레에서 영원한 피해자로 전락하고 만다.

'원인과 결과의 법칙'에 대해 아직도 미심쩍다면 이렇게 제안해 보고 싶다. 그냥 '원인과 결과의 법칙'을 믿어라. 이것을 믿는다고 해서 당신에게 해가 되는 일은 없을 것이다. 오히려 받아들이면 혜택이 있을 것이고, 그 법칙이 무효라 해도 손해 볼 것은 전혀 없기 때문이다.

원인과 결과의 법칙을 부인하는 것은 어떠한 상황에서든 상황을 바꿀 수 있는 능력이 없이 피해자가 될 수 있다는 것을 의미한다. 그럴 때면 '나는 아무런 힘도 쓸 수 없는 인간이구나' 하는 감정을 거듭 느끼게 될 뿐이다. 원인과 결과의 법칙이 진정으로 유효한 법칙인지 고심하는 것만으로도 충분히 자신에게 내재된 힘을 이끌어 내어 충만한 삶을 영위할 사용할 기회를 얻게 될 것이다.

'지혜의 영', 즉 '신'과 애정, 신뢰에 기반을 둔 관계를 받아들인 사람들은 '원인과 결과의 법칙'을 쉽게 이해할 수 있다. 다음 장에서는 바로 그 관계에 대해 자세히 살펴본다.

제15장 신과의 관계

신에 대해 어떻게 느끼는가? '신'이나 '지혜의 영'이 인간의 삶과 그 밖의 우주의 모든 것을 위해 마지막 순간까지 힘을 실어준다는 사실을 받아들이는가? 또한 '지혜의 영'이 항상 무조건적으로 애정과 지원을 아끼지 않는다는 사실을 느끼는가?

우주의 영적 본질의 에너지와 소통하는 방식이야말로 삶을 경험하는 방식이라는 사실이라는 점을 기억하라. 가슴에 손을 얹고 생각해볼 때, 모든 상황에서 신이 전적으로 모든 사람과 모든 것에 사랑과 도움을 아끼지 않는다고 받아들이는가? 그렇다면 진정한 평화와 기쁨의 삶을 경험할 것이다. 단, 인간적인 생각이 많으면 삶은 기쁨과 거리가 멀어진다.

우주 창조를 설명할 때 신이 천지를 창조했다는 이론보다는 과학적 개념을 설명하는 것이 낫다고 생각하는 사람들도 있다. 그러나 신에 대한 생각이 불편한 느낌을 준다는 이유로 회피한다고 해서 그 불편함이 해소되지는 않는다.

'신은 우리에게 사랑이나 도움을 주지 않는다'라고 생각하는 사람들이 있다. 그러한 생각은 진정으로 평화와 기쁨을 느끼는 데 방해가 될 뿐이다. 또한 자기 자신과 다른 사람들도 사랑이나 도움을 주지 못한다고 생각하게 된다. 반면에 자기 자신뿐만 아니라 다른 사람들에게도 신의 완전함과 무조건적 사랑을 체험하고 느끼는 사람들도 있다.

그렇다면 '지혜의 영'과의 관계는 어떨까? 그 관계는 현재 우리의 의식 상태가 어떠한지, 한계가 많은 인간의 사고로부터 자유로운지 혹은 한계 안에서 갇혀 있는지 거울처럼 비춘다. 단순하지만 강력한 이 개념에 대해서는 다음 장에서 자세히 다룰 것이다. 신과의 관계가 중요하다는 점을 고려할 때, 모든 사람과 모든 것이 신의 모습을 그대로 반영한다는 것을 알고 느낄 수 있다면 큰 힘이 될 것이다. 그 과정에서 자기 자신을 바라볼 때도 내재된 신의 모습을 보고, 인생도 신의 표현으로 간주할 수 있기 때문이다.

간단히 표현하자면, 신이 우리의 친구가 될 때 모든 사람이 우리의 친구가 될 수 있다.

우리는 하나 – '일치'에 대하여

신은 우리와 별개의 존재가 아니라 우주의 모든 사람과 모든 것을 포함하는 단일의 총체적 에너지라는 점을 이해하면 신과 좋은 관계를 발전시킬 수 있을 것이다. 우리는 이 에너지의 일부일 뿐만 아니라 바로 이 에너지로서 존재한다. 따라서 우리는 진정으로 모두 하나이다. 이 사실을 받아들인다면 '일치'를 경험하고, 기쁨으로 삶을 이어갈 수 있다.

무조건적인 사랑과 지지를 주고받을 때 느끼는 이 기쁨은 결코 변하지 않는다. 사랑과 도움을 주는 행위는 우리에게 자연스러운 행위이자, 우리가 직면한 모든 문제의 해결책이 된다.

사랑과 지지의 에너지이기도 한 '신', 즉 '일치'는 항상 우리 옆에 있다. 나는 이러한 지지를 나의 '내적 자아'로 경험한다. 나의 '내적 자아'를 느끼고 싶을 때면, '내적 자아'에 내 마음의 문을 열고 '내적 자아'도 나를 지지해준다고 믿는다.

제16장

거울의 법칙

앞에서 인생을 게임에 비유했는데, 한편으로 인생은 교실에도 비유할 수 있다. 단, 인생이라는 교실은 우리가 생각하는 칠판, 학생, 교사가 있는 그런 일반적인 교실이 아니다.

인생이라는 교실에서는 항상 수업이 진행되고, 교실도 모든 곳에 존재한다. 교사의 자격은 따로 없다. 우리가 마주하는 모든 사람과 모든 것이 곧 교사이다. 그리고 수업에는 쉬는 시간이 따로 없다.

이처럼 방대한 교실에서는 가장 효율적이고 효과적인 방법으로 우리가 누구이고 인생은 무엇인지에 대해 가르친다. 교과 과정에서 빠지는 과목은 하나도 없으며, 관련 주제도 무한하고, 결석을 할 수도 없다.

이 특별한 교실에 적용되는 활기 넘치는 법칙이 하나 있다. 바로

'거울의 법칙'이다. '우리가 보고 느끼는 모든 것은 우리의 의식 상태를 있는 그대로 반사한다' 라는 법칙이다.

더 구체적으로 설명해볼까? 우리가 보게 되는 모든 사람은 어떤 면에서든 우리와 같은 행동을 보인다. 또 의식하지는 못하겠지만 우리가 마주하는 모든 것은 우리 자신에 대한 생각을 반영한다. 다른 누군가가 느끼거나 표현하는 모든 감정은 바로 우리 자신이 느끼는 방식을 거울처럼 투영하는 것이다.

교실의 벽은 사방이 거울이다. 교실에 처음 들어서면 사방이 거울이라 깜짝 놀라거나 위협을 느낄 수도 있다. 그러나 교실에서 '거울의 법칙'은 고차원적인 진리이다. 교실에 들어가서 자신의 모습을 거울에 비추어보는 것만큼 훌륭한 학습도 없을 것이다. 그리고 자기 자신에 대해 알아갈수록 인생의 위대한 가치도 차츰 깨닫게 된다.

우리는 항상 거울에 둘러싸여 있기 때문에 어떤 모습이 비치든 우리의 의식 상태가 있는 그대로 우리에게 투영되는 것으로 간주한다. 실제로도 우리의 의식 상태는 자기 자신을 얼마나 사랑하고 있는지 정확하게 보여준다.

물론 다른 사람들의 모습도 보일 수 있지만, 우리는 항상 자신을 경험하고 있는 것이다. 다소 난해한 개념일 수 있지만, 이 개념을 진정으로 받아들일 수 있다면, 삶을 살아가는 것이 수월해진다. 그리고 다른 사람들에 대해, 자기 자신에 대해 애정을 느끼기가 더욱 쉬워진다.

　우주는 진정한 우리의 교사이다. 우주는 우리에게 직접적으로, 지속적으로, 정확하게 가르쳐준다. '거울의 법칙'은 바로 우주가 우리를 가르칠 때 사용하는 수단이다. 우리가 이 법칙을 이해하고 이롭게 활용할 수 있을 때, 고차원적인 우주의 가르침을 연마할 수 있다.

　어떻게 하면 거울의 법칙을 가장 효과적으로 활용할 수 있을까? 이를 위해서는 또 다른 중요한 법칙을 이해해야 한다. 바로 '완벽함의 법칙'과 맥을 같이 하는 '판단 버리기 법칙'이다.

오늘날의 사회는 이성적인 사고에 큰 가치를 둔 나머지 일상에서 경험하는 모든 일을 평가하고 판단해야 한다는 강박관념에 사로잡힌다. 때문에 현대인들은 "식사 잘하셨어요?"라는 가벼운 인사에서부터 모든 일과 사람을 평가해야 한다는 강박관념에 사로잡혀 있다. 그러지 않고는 무언가 불안하고 허전하게 느껴지기 때문이다.

그러나 이 같은 행동은 만물의 영적 본질에 반응하는 우리 안의 영적 능력을 방해한다. 다시 말해 우리 안의 에너지를 막아버리는 행동이다.

이렇게 막혀버린 이성으로 어떤 사람이나 상황을 평가하면, 그러한 생각들과 그 순간의 느낌이 합쳐진다. 그리고 그 느낌에 생각의 꼬리표가 붙으면 에너지가 막혀 더욱 불편한 상황이 초래된다.

이렇게 습관적인 평가와 판단에서 벗어나지 못하면 불편한 대인관계 혹은 나쁜 상황이 더욱 악화되고 문제는 연이어 발생한다.

사실 옳고 그른 것, 좋고 나쁜 것은 세상에 존재하지 않는다. 눈앞에 벌어지는 모든 일은 그저 개별적인 사건 그 이상도, 이하도 아니다. 하지만 우리가 인간적인 잣대로 판단을 하기 시작하면 그 방식이 우리 안에 뿌리를 내린다. 하지만 우주의 모든 피조물이 갖춘 완벽함을 경험할 방법이 한 가지 있다. 즉, 있는 그대로 피조물의 완벽함을 보고 느끼는 것이다.

또 다른 예를 소개하면 손가락을 베었다고 가정해보자. 대부분 사람은 이것을 안 좋은 사건이라고 판단하고 '이번에도 덜렁댔네.'라며 스스로 자신을 비판한다. 하지만 이는 중요한 사실을 간과한 것이다. 손가락을 베었을 때 아프다는 느낌이 드는 것은 우주가 우리에게 알려주는 확실한 신호이다. 이 신호가 있기에 그 후로는 손가락을 다치지 않도록 조심하며 살아갈 수 있는 것이다. 통증은 몸의 한 곳에 무의식적으로 미처 애정이 미치지 못했다는 것을 알려주기도 한다. 그래서 통증을 느끼면 우리 뇌는 자기 자신에 대해 더 많은 애정을 느끼라고 전달한다.

의식이 깨어 있는 상태로 삶을 살아가는 것은 매우 중요하다. 무엇에 대해 깨어 있고 의식하기 전까지는 상황이 있는 그대로 아무 움직임도 없기 때문이다. 통증은 뇌가 우리에게 깨어 있으라고 알리는 신호로, 몸에 여러 도움을 준다. 예를 들어 정신적 지지 모임에 참석해서 다른 참여자들에게 '제가 저 자신을 사랑하도록 정신적으로 응원해주세요.'라고 요청할 수 있다.

이 밖에 '느끼기 연습'의 세 단계를 하나씩 해보라. 이를 통해 통증을 초월하고 '아프다'라고 느끼게 하는 여러 가지 생각을 초월해 마침내 밑바닥에 깔려 있는 본연의 느낌에 다가갈 수 있다. 이 본연의 느낌이야말로 통증을 해소할 수 있는 열쇠, 자신의 무의식적인 학대 성향을 파악하게 해주는 열쇠이다.

이러한 과정에서는 어떤 일들이 일어날까? 통증이라는 느낌과 관련된 여러 가지 인간적인 생각에서 자유롭다는 느낌이 들 때, 그 느낌에 갇힌 에너지가 자유자재로 흐르도록 풀어줄 수 있다. 통증을 느끼는 것은 바로 에너지가 갇혀 있기 때문이다.

스스로 만들어내고 집착하는 인간적인 생각들은 우리가 어렸을 때 일어난 일들에 대해 그때 그 순간에 어떻게 해석했는가에 따라 달라진다. 부모나 보모의 어떠한 행동에서 애정이 느껴지지 않을 때, 당시 아이로서 그것을 어떻게 받아들였는지가 어른이 되었을 때까지도 영향을 미친다. 예를 들어 기저귀가 젖어서 빽빽 울었을 때 부모가 다른 일로 바빠서 기저귀를 갈아주는 대신 "조용히 해!"라고 하는 경우이다.

유아와 어린이는 극도로 민감한 존재이므로 부모나 보모의 행동들을 즉각 '사랑이 없는 행동' 혹은 심지어 '잔인한 행동'으로 단정해버린다. 누구나 어릴 때 자신을 돌봐주는 사람들의 애정 없는 행동 혹은 의도적인 학대라고 파악한 행동 때문에 분노하고 상처 받은 적이 있다. 대다수가 어른이 되어서도 이러한 상처와 화를 안고 산다. 그리고 그 화를 다스리지 않고 복수심을 키울 수도 있다.

당시 우리가 어른들의 행동을 단정할 때 의도적으로 간과한 것, 또 어른이 되어서도 화를 안고 사는 사람들이 깨닫지 못한 것이 있다. 바로 화라는 것이 흔히 타인을 향한 것이라고 생각하지만 사실은 항상 자기 자신을 향한다는 점이다. 타인의 단점을 발견할 때, 우리는 아직 스스로 받아들이지 못한 자신의 어떤 측면을 비판하고 있는 것이다. 다시 말하면 모든 사람과 모든 것에 대해 평화를 느낄 때 자기 자신과 평화를 느낄 수 있다. 결국 우리는 자신과의 평화로운 관계를 유지하기 위해서도 다른 사람들과 평화로운 관계를 유지하는 것이다.

그렇다면 우리가 누군가에 대해 매우 못마땅해 하는 경우, 어떻게 그 사람과 평화로운 관계를 형성할 수 있을까? 바로 '느끼기 연습'을 통해 그렇게 할 수 있다. 우리의 느낌을 에워싼 에너지에 물꼬를 터주면 우리가 움켜쥐고 있던 화와 분노를 내보내는 것이 수월해진다. 또 상대방을 용서하는 것을 연습하고 화, 분노, 복수심이 잠잠해질 때까지 계속해서 용서하는 마음을 키운다. 그리고 나서 그 사람에 대한 애정이 느껴질 때까지 용서하는 마음이 더 깊이 뿌리 내리게 하고, 그 용서가 깊은 사랑으로 승화될 때까지 사랑하는 마음에 집중한다('용서 연습' 참조).

타인에 대해 용서하는 마음이 생길 때, 자기 자신에 대해서도 진정으로 용서하는 마음이 생긴다. 또한 타인에 대해 애정을 느낄 때, 우리 자신에 대한 애정을 진정으로 표현할 수 있다. 아무리 벗어나려고 해도 빠져나올 수 없는 진리가 있다. 바로 우리는 모두 서로 지지하는 과정에서 깊은 애정을 느끼고 표현하는 것이 가장 큰 기쁨이요, 가장 자연스러운 소통인, 깊이 사랑할 줄 아는 존재가 될 수 있다는 것이다.

질문:

나는 어렸을 때 학대를 당하며 자랐는데, 그렇다면 아동 학대가 해롭지 않다는 것인가?

답변:

받아들이기 어려울 수도 있겠지만 아동 학대나 강간, 살인 같은 사건을 어떻게 해석하는가에 따라 달리 생각할 수 있다.

아동 학대의 희생자로서 나중에 성인이 되었을 때 아동 학대와 관련하여 흐르지 못하고 고인 에너지와 고통스러운 에너지에 물꼬를 틔울 사회봉사를 해보겠다는 생각을 한 적이 있는가? 자신의 고통스러운 과거를 소명으로 받아들인다면, 부모나 다른 여러 어른에게 휘둘리던 자신의 힘을 모조리 되찾을 기회가 될 수 있을 것이다.

　육체적 고통에서 벗어나고자 여러 가지 방법을 모색하는 사람들은 이런 테스트를 해보면 어떨까? 자신이 과연 어느 정도까지 고통을 참을 수 있는지 테스트해보는 것이다. 고통의 쓴맛을 극한적으로 느껴본 사람이라면 나중에 기쁨이 찾아왔을 때 그것이 얼마나 더욱 즐겁게 느껴지겠는가?

　자녀에게 고통을 가하는 부모는 동시에 그 자신도 고통을 느낀다. 이때 고통에서 벗어나고자 하는 갈망은 다만 인간적인 판단의 잣대를 놓아버릴 때 부모나 자녀가 진정으로 변하게 해 주는 촉매 역할을 한다.

　느낌에 붙은 판단의 꼬리표를 떼어내면 느낌 속에 갇힌 에너지를 놓아줄 수 있다. 그러면 자유롭게 흘러 다니는 에너지에서 되찾은 힘이 더 큰 사랑과 정신적 지지를 만들어낸다.

질문:

'판단 버리기 법칙'의 관점에서 사법 제도는 어떻게 생각하는가?

답변:

　현 사회의 사법 제도는 그야말로 우리가 개인적, 사회적으로 옳고 그름과 선함과 악함에 대해 인간적으로 어떻게 판단하는가를 보여주는 완벽한 사례이다.

　우선 개인적 차원에서 생각해보자. 만약 자신이 언제라도 희생자가 될 수 있다고 생각한다면 누군가는 가해자가 되어야 하는 상황을 자초하는 셈이다. 한편 자신이 희생자가 될 것이라고 생각하지 않는 사람들은 애초에 그런 상황을 만들지 않는다.

언론에서는 연일 가해자와 피해자의 논리로 사건을 보도한다. 그 결과 감금과 처벌을 통해 범죄자를 줄일 수 있다는 믿음이 당연시되어 오히려 그런 감금과 처벌이 범죄율을 증가시킨다는 증거가 속속 밝혀지고 있음에도 대부분의 사람이 이를 믿지 않는다.

감금과 처벌이 범죄율 감소에 실제로 도움이 되지 못하는데도 이 방법을 맹신하는 현상은 다음과 같은 사실을 시사한다. 자신이 오랜 세월 믿고 있는 생각에 대해서는 이성적인 사고로는 해결책을 찾을 수 없다는 것이다. 생각이 절대로 바뀌지 않는 것은 바로 인간적인 감정이 개입되어 있기 때문이다. 따라서 자신이 믿어온 생각과 판단을 배제하고 본연의 느낌을 느끼려 노력한다면 우리가 범죄자, 검사, 판사, 교도관 등 사법 제도 관계자들에게 부여한 힘이 제대로 발휘되도록 할 수 있을 것이다.

현 사법 제도에는 우리의 힘이 너무나 많이 실려 있어서 커다란 위압감을 조성한다. 일단 여기에 부여된 힘이 우리에게 내재된 선한 힘이고, 우리 자신이 이 힘에서 혜택을 얻을 수 있다는 느낌이 충분히 들도록 자신을 사랑하자. 그리고 나서 우리가 실은 힘이 제대로 발휘될 수 있는 절차를 강구해보자.

제18장

시간

　시간은 보통 과거, 현재, 미래라는 세 가지 시간대로 여겨진다. 그러나 현재의 순간만이 진정으로 존재한다.

　시간에 대해 어떻게 생각하는가는 사람들이 사물을 바라보는 관점을 크게 좌우한다. 우리는 대체로 과거의 경험에 비추어 현재 상황을 바라보는 경향이 있다. 그런 탓에 '전에도 그랬으니까' 라는 예상에서 좀처럼 벗어나지 못한다. 특히 대인 관계에서 그렇다. 만나는 사람들에 대해 미리 결론을 내려버리는 것이다. 그리고 다음에 만나면 '전에 그랬던 것처럼 행동하겠지' 라고 예상한다.

　당신이 이런 상황에 처했다고 가정해보자. 길을 가다가 친구를 만났는데, 그 친구가 옆에 있던 자기 친구를 당신에게 소개해주었다. 그런데 막 소개를 받은 친구의 친구는 마음이 몹시 급해 보이고 당신은 있는 둥 마는 둥이다. 당신이 친구와 몇 분 정도 대화하는 동안에도 그 친구는 기다려주기는 하지만 점점 더 초조해하면서 그 자리를 1분이라도 빨리 떠나려고 했다. 그 후 어느 날, 한 파티에서 우연히 그 친구를 만났다. 이 친구를 본 순간, 당신의 머릿속에는 일전에 몹시 초조해 하던 모습이 떠올랐다. 그녀에게 다가가서 아는 척이라도 하며 말을 건넬까 싶었지만 그때의 기억으로 머뭇거리게 되었다.

하지만 이때 당신이 간과한 것이 있다. 처음 만난 그날 그녀는 중병에 걸린 어머니를 뵙고 오던 길이었다. 그리고 자신의 친구와 함께 어머니의 병을 어떻게 치료할 수 있는지에 대해 이야기를 하려던 참이었다. 하지만 그 사실을 모르는 당신은 그때 그 두 사람의 대화 시간을 빼었던 것이다.

누군가에 대해 어떠어떠하다는 결론을 내려버리면 이후로 당신은 그 사람이 당신의 결론에 따라 행동할 것이라고 예상한다. 그러나 과거의 눈으로 현재를 보면 현재를 보는 관점이 왜곡된다. 의식적으로나 무의식적으로 상대방의 과거 행동을 기억해내어 현재의 그 사람과 소통하는 데 걸림돌이 되기 때문이다.

현재에 100% 몰입하는 방법, 유일하게 존재하는 시간인 현재만 생각하는 법을 터득하려면 지속적인 연습이 필요하다. 항상 기억하라. 현재의 모든 경험은 유일무이한 것이다. 지금 이 순간의 경험은 과거에도, 미래에도 없을 소중한 경험이다. 과거에 보거나 느꼈던 방식은 버리고 백지 상태에서 현재의 순간을 보고 느껴야 한다.

꼭 기억해야 할 것이 있다. 완벽함이란 인간적인 사고로 경험할 수 없다는 것이다. 완벽함은 느낌으로만 느낄 수 있다. 그렇다면 상대방의 완벽함을 어떻게 느낄 수 있을까? 그저 그 사람에게 마음의 문을 열면 된다. 마음은 우리의 가장 소중한 자산이요, 진실이자 지혜, 평화, 기쁨의 원천이다.

질문:

현재의 순간에 몰입하는 것이 중요하다는 말은 십분 공감한다. 그러나 사회는 시간 단위로 움직인다. 정시에 출근하고, 마감 시간까지 일을 마치고, 약속한 시간에 사람들을 만난다. 그렇다면 시간에 끌려 다니는 현재의 삶에서 어떻게 변화를 추구할 수 있을까?

답변:

일상에서 시간이 문제가 될 때마다 우리는 정작 실상을 보지 못한다. 예를 들어 상사가 특정 마감일까지 보고서를 제출하라고 지시했다고 가정해보자. 당신이 생각하기에는 시간이 부족하다. 하지만 무언가를 잘 해보겠다는 동기 부여와 열정이 크다면, 많은 아이디어가 속속 떠오를 것이다. 즉, 시간이라는 장벽이 무너지는 것이다.

하지만 이유가 무엇이든 간에 아무리 해도 보고서를 제 시간에 끝낼 수 없다고 느낀다면, 그것은 스스로 그때까지 끝내려는 마음이 없기 때문이다. 시간의 압박에 대해 불편함을 느끼는 것은 당신이 상사에게서, 그리고 자기 자신에게서도 사랑이 전달되지 못하도록 원천봉쇄하고 있다는 신호이다.

시간에 목매는 사람들은 시간 엄수가 중요한 상황을 끌어들일 것이고, 반대로 시간 자체에 큰 의미를 두지 않는 사람들은 시간 때문에 불편함이 초래되는 상황은 아예 만들지도 않을 것이다.

시간과 관련된 문제로 불편한 느낌이 들 때마다 '느끼기 연습'을 해보라. 어떤 느낌이 들든 판단하지 않고 있는 그대로 느껴본다. 이러한 여러 느낌에 대해 애정을 느끼고 이러한 느낌을 느끼는 자신을 사랑할 때, 비로소 맑게 깨어 있는 의식으로 상사와 직장, 프로젝트 등 시간과 관련된 모든 상황과 모든 사람을 대할 수 있다.

상사를 사랑으로 품고 있다는 느낌을 느껴본다. 상사의 마음과 자신의 마음이 만날 것이다. 그러면 상사와의 관계가 더욱 평화로워질 뿐만 아니라 시간이 큰 걸림돌이었다는 착각도 없앨 수 있다.

이 방법이 간단하게 보여 진지하게 받아들이지 않을 수도 있을 것이다. 하지만 이 방법을 실제로 자신의 삶에 적용하고 지속적으로 연습하지 않으면 그 가치를 제대로 알 수 없다. 어떤 길을 택할지는 당신의 몫이다.

제19장 인식과 완벽한 반응 체계

대부분의 사람들은 실제로 벌어지는 상황에 반응하는 것이 아니라 상황에 대한 설명에 따라 반응한다. 우리는 모든 상황의 의미를 알고 있다고 생각하고 해당 상황을 몇 마디 설명으로 축소 해석해 버리며, 결국에는 그 설명으로 해당 경험을 대체한다.

역설적이지만, 우리가 삶의 의미를 이해하려면 자신의 잣대와 생각은 버려야 한다. 이것만이 유일한 길이다. 그저 의식이 맑게 깨어 있기만 하다면, 마주하는 여러 가지 경험에 대해 설명하거나 분석하거나 평가할 필요 없이 어느새 의미가 우리에게 자연스럽게 스며든다.

모든 사람에게는 삶에서 일어나는 모든 사건과 상황에 완벽하게 반응하는 '반응 체계'가 있다. 나는 이 반응 체계를 '완벽한 반응 체계'라고 부른다. 이 반응 체계는 우리의 신체를 지탱하기 위해 음식을 소화하고 영양소를 세포에 공급하는 훌륭한 역할을 한다. 또 야구 경기를 할 때는 외야수가 이성적으로 공의 방향을 판단하기도 전에 본능적으로 공이 가는 방향으로 전력 질주하도록 한다. 수많은 자극을 느끼는 데 방해받지만 않는다면, 이 완벽한 반응 체계는 즉각적으로 동시에 수많은 자극에 반응할 수 있다.

그러나 이성적인 사고가 작동을 시작해 자극에 대해 이름을 붙이거나 설명하거나 평가할 때마다 '완벽한 반응 체계'는 본연의 임무를 수행하지 못한다. 마치 컴퓨터를 바로 앞에 두고도 손가락으로 계산하겠다고 고집하는 것과 같다.

'완벽한 반응 체계'를 좀 더 간단하게 설명해보겠다. (눈, 귀, 코, 입, 피부와 같은) 감각 기관의 끝에서 한 개의 관이 나와 체내의 다른 끝부분에 있는 '완벽한 반응 체계'와 연결된다고 생각해보자. 그 관의 한가운데에는 너덜거리는 덮개가 있는데, 이 덮개는 이성적인 생각을 상징한다. 모든 자극에 대해 설명하거나 분석하거나 판단하면 이성적 사고에 발동이 걸려 그 즉시 덮개가 꽉 닫혀버린다. 그래서 감각적 자극이 관을 통해 '완벽한 반응 체계'까지 도달하지 못한다.

'완벽한 반응 체계'는 우리가 이것을 사용하든 하지 않든 늘 존재한다. 그러다가 사용하면 바로 환하게 불이 켜진다. 나는 당신이 가능한 한 자주 '완벽한 반응 체계'를 사용하길 바란다. 이를 위해서는 이성적 사고가 개입하지 않도록 막아야 하는데, 물론 쉽지 않은 일일 것이다.

'완벽한 반응 체계'가 어떻게 작동하는지 직접 경험할 수 있는 '의식 깨우기 연습' 두 가지를 소개한다.

집에 있을 때, 각 방의 주요 특징을 파악한다. 그리고 그 방에 들어갈 때마다 자신의 감각이 어떻게 반응하는지에 따라 방의 특징을 알아본다. 예를 들어 부엌에 들어서면 어떤 냄새가 나는지, 거실에 들어서면 어떤 색이 보이는지 유심히 살펴본다. 아침에 눈을 뜨자마자 귀에 어떤 소리가 들리는지 가만히 들어본다. 밥을 먹을 때는 입 안으로 들어가는 모든 음식이 혀에 닿을 때 어떤 촉감이 느껴지는지, 어떤 맛이 나는지 느껴본다. 이 밖에도 매일 접하는 환경에서 감각을 이용해 느낄 수 있는 경험을 고르고 이에 집중한다. 이러한 경험을 다채롭게 함으로써 싫증나지 않게 한다. 싫증이 나는 순간 이성적 사고가 개입해 오감이 '완벽한 반응 체계'까지 도달하는 데 방해가 될 것이기 때문이다.

차를 운전하거나 길을 걸을 때, 자동차나 사람을 스쳐지나 갈 때마다 어떤 에너지가 섬세하게 느껴지고 변화하는지 음미해본다. 당신이 있는 방향으로 다가오는 차와 반대 방향으로 가는 차가 있다고 떠올려보자. 두 차의 주변에서는 어떻게 다른 에너지가 느껴지는가? 한 사람 또는 여러 사람을 지나갈 때 느껴지는 에너지와 강아지나 나무를 지나갈 때 느껴지는 에너지는 어떻게 다른가?

위와 같은 연습의 묘미는 현재 처한 상황의 한 가지 측면을 집중적으로 음미해 '완벽한 반응 체계'가 해당 환경에서 전달되는 다른 자극들을 폭넓게 수용하는 능력을 키우는 것이다. 이 체계는 각 자극에 완벽하게 반응할 뿐만 아니라 반응의 순서 또한 완벽하다.

운전할 때를 다시 떠올려보자. 운전하는 동안 에너지가 어떻게 변화하는지에 몰입하여 이성적인 평가와 판단의 버튼은 잠시 꺼둔다. 그리고 체내에서 '완벽한 반응 체계'와 연결된 관의 이미지를 머릿속으로 떠올린다. 이 관의 덮개가 계속해서 열려 있게 하는 것이 중요하다. 덮개가 열려 있으면 당신이 현재 처한 환경에서 발생하는 모든 자극이 감각 기관에서 '완벽한 반응 체계'로 직접 지나갈 수 있다. 도로의 소음, 매연 냄새, 몸의 상태와 같은 여러 자극이 '완벽한 반응 체계'로 전달된다. 그러고 나면 완벽한 반응 혹은 완벽한 반응 순서를 당사자가 직관적으로 전달받는다. 이와 같은 직관적 정보를 통해 차가 덜 막히는 길을 발견하거나 혹은 교통 체증이 덜한 출퇴근길이 보장되는 일자리를 제안 받을 수도 있을 것이다.

하지만 현재 처한 상황에 평가 잣대를 적용하기 시작하면 '상황이 왜 이래?' 하며 곧 인간적인 잣대로 판단을 내릴 것이다. 그렇게 되면 '왜 이렇게 길이 막혀?' 혹은 '회사까지 차를 운전하고 가야 하는 거야?' 와 같이 불만이 가득할 것이다. 자신의 경험을 평가하거나 판단하는 순간, '완벽한 반응 체계' 의 순리를 역행하고 직관적으로 즐겁게 대응할 능력을 놓치게 된다.

'완벽한 반응 체계' 는 '지혜의 영' 과 직접 관련이 있다. 그래서 '완벽한 반응 체계' 가 모든 상황에 완벽하게 대응하는 방법을 아는 것이다. 세상의 순리에 대한 어떤 편견이나 인간적 판단 없이 모든 것을 '우주' 의 손에 맡긴다면, 우리는 지속적으로 인생의 진정한 아름다운 가치를 경험할 것이다. 이때 우리의 인간적인 생각과 기득권, '이것은 이래야 해, 저것은 저래야 해' 하는 고집과 아집이 큰 걸림돌이 된다.

다른 장에 소개된 여러 연습과 더불어 이 장에서 소개한 '인식 깨우기 연습' 은 지속적으로 연습하는 것이 좋다. 생각 속에 갇혀 있는 에너지에 물꼬를 틔우고 인생의 영적 본질이기도 한 평화와 기쁨이 풍요로운 상태에 도달할 수 있을 것이다. 이러한 상태로 돌아가는 경험을 할수록 인생을 음미하지 못하게 하는 모든 잡다한 생각과 판단의 언저리에서 에너지가 더 이상 막히지 않고 쉽게 흐를 수 있을 것이다.

이제 또 잠시 휴식을 취할 때이다. 쉬는 시간 동안 이 장에서 언급한 연습을 한 가지 이상 해보자.

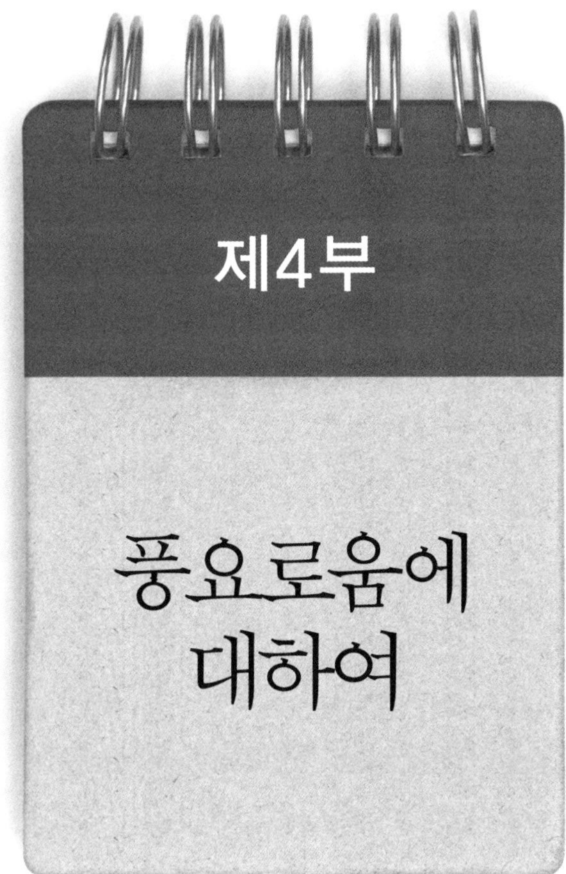
제4부
풍요로움에
대하여

제20장

자연스러운 상태
– 풍요로움

나는 '풍요로움'이란 우주의 에너지가 무한하게 표현되는 상태라고 정의한다. 풍요로움에 정통하다는 것은 곧 우주의 에너지에 정통하다는 말이며, 우주의 에너지를 완벽하게 알고 있는 사람은 풍요로움에 대해서도 잘 안다.

풍요로움에 길들여지려면 어떻게 해야 하는가? 우선 다음의 여덟 단계로 시작해보자.

1. 기본 원칙을 파악한다.

풍요로움의 기본 원칙은 '풍요로움이란 우주 본연의 상태'라는 것이다. 우주의 모든 것은 에너지이므로, 우리는 풍요로움 역시 에너지임을 알고 있다. 에너지로 표현할 수 있는 이 풍요로운 상태는 늘 우리와 함께하며, 바닥날 일이 없다. 그리고 우리가 풍요로움에 마음의 문을 열 때마다 풍요로움으로 가까이 다가갈 수 있다.

2. 사회의 통념에 역행할 수 있는 여지를 둔다.

풍요로움의 두 번째 원칙은 풍요로움을 느끼길 거부하면 풍요로움이 우리 안으로 흘러 들어올 수 없다는 것이다. 무엇이 이 흐름을 막는 것일까? 바로 풍요로움의 진리와 역행하는 고정관념과 이성적 사고를 붙잡고 있으면 풍요로움은 흐를 수 없다. 기억하라. 우리는 자연의 순리에 역행하는 경험을 하기 위해 인간적인 잣대와 통념을 계속해서 만들어냈다. 하지만 이러한 인간적인 잣대를 만든 것은 바로 '우리 자신'이므로, 그 잣대를 놓아버리는 것도 '우리'가 할 수 있는 것이다. 이러한 생각의 틀을 만들어낸 당사자가 바로 우리 자신이라는 사실만이라도 받아들이자. 있는 그대로 받아들이는 것만으로도 그것을 놓아버리는 것이 된다.

자신이 믿어온 생각과 통념에 대해 한 가지 예를 들어보겠다. 흔히 '풍요로운 삶'을 산다는 것은 열심히 일하고, 돈벌이를 하고, 생산적인 삶을 살고, 자기 관리를 철저히 하며, 남들의 인정을 받고 사는 것이라고 생각한다. 또한 원하는 수준의 돈을 벌려면 마음에 들지 않아도 돈을 많이 주는 직장을 얻어야 한다는 통념도 있다. 그러나 이러한 생각을 평생 고수했을 때 그 결과는 과연 어떨까? 늘 직장에 불만을 느끼고, 이 직장 저 직장을 전전할 것이다.

3. 의도와 의지를 확고히 한다.

사람들은 흔히 삶에 항상 무언가가 부족하고, 2% 아쉽다고 한다. 이처럼 풍요로움에 대한 확고한 의도와 의지가 없으면 마음으로 풍요로움의 상태를 느끼기가 어렵다. 그리고 아주 오랫동안 뿌리 내린 사회적 통념에 귀가 솔깃해질 것이다. 그렇게 되면 풍요로움의 진리와 점점 멀어진다.

4. 현재 자신의 상태가 풍요롭다는 점을 느낀다.

다른 사람들을 보고 '저 정도만 풍요로웠으면' 하고 생각해 본 적이 있을 것이다. 그러나 이런 생각은 실제로 자신이 이미 바라는 정도의 상당한 수준을 누리고 있다는 사실을 간과한 것이다. 우리는 대부분 함께할 수 있는 소중한 친구, 먹을 수 있는 영양가 있는 음식, 옷이 가득한 옷장, 편안한 집, 어디든 갈 수 있는 훌륭한 교통수단, 틈틈이 읽을 수 있는 재미있고 감동 어린 책, 눈을 즐겁게 하는 꽃 등 수많은 것을 이미 누리고 있다. 그럼에도 이미 가지고 있는 것은 당연시하고 자신에게 없는 것에만 초점을 맞추려고 하는 경향이 있다.

뒤에서 이와 관련한 또 하나의 법칙을 소개하겠지만 '감사할 것이 무궁무진하다' 는 것이다. 현재 우리가 가지고 있는 수많은 것이 주는 풍요로움을 아는 자는 더 큰 풍요를 얻을 것이고, 없는 것에만 초점을 맞추는 자는 더 큰 부족을 느낄 것이다.

5. 마음껏 주고, 감사히 받고, 현재의 풍요로움에 감사하는 마음을 기른다.

풍요로움이 에너지이고 모든 에너지가 결국은 사랑이라면, 풍요로움도 사랑이다. 에너지(즉, 사랑)는 자유롭게 흘러 다니면서 넘치거나 부족함 없이 균형 잡힌 상태를 추구한다. 우리는 그것을 마음껏 주고 감사히 받으며, 우리가 가진 모든 것에 감사를 느끼고 표현하면 된다. 감사하는 마음은 우리가 사랑을 받아들이도록 마음의 문을 연다. 단, 물질적 풍요는 수많은 풍요 중의 하나라는 점을 잊어서는 안 되겠다.

6. 원인과 결과의 법칙을 기억한다.

원인과 결과의 법칙을 떠올려보자. 우리의 이성적 사고는 어떤 이성적 생각을 불어 넣는가? '돈이 부족해', '나는 없는 게 왜 이렇게 많지?', '노력을 안 들이고 이런 것들을 누릴 순 없지', '돈도 없고 너무 많은 것이 부족해서 되는 일이 없어' 등등(이러한 생각들은 우리 스스로가 세워 놓은 기준이라는 점을 기억하라). 이때 원인과 결과의 법칙은 또 무엇을 말해주는가? 이성적 사고 버튼은 잠시 끄고 우리가 듣거나 느끼는 '지혜의 영'에게 우리의 제한된 인간적인 생각을 내어줄 때 '지혜의 영'은 힘들이지 않고 즐겁게 우리를 완벽함으로 이끌어준다는 것이다.

7. 판단하지 않기와 서로 정신적으로 지지해주기를 연습한다.

자신의 삶에서 다른 사람들과 상황에 대한 판단을 버리려고 마음먹으면 어떤 변화가 일어날까? 내면을 흐르는 에너지가 풍요로움의 에너지로 바뀐다. 또 사람들과 서로 정신적인 지지를 해주고 균형 잡힌 관계를 만들어나가면 풍요로움의 에너지가 원활하게 흐를 수 있다.

8. 인내심을 가진다.

에너지에 정통하는 것처럼 풍요로움에 정통하는 것도 한 단계씩 밟아나가는 더딘 과정이다. 하지만 그럴지라도 완벽한 속도로 전개되고 있다는 점을 기억하고, 현재의 순간에 계속해서 집중하는 것이 그 과정을 이행하는 최상의 방법이라는 사실을 믿어라. 각자의 내면에 존재하는 '지혜의 영'은 우리가 고민해야 할 문제를 가장 적절한 때 우리 앞에 제시한다. 그러므로 항상 지혜의 영, 즉 직관의 지침에 촉각을 곤두세우고 기다리자.

그러나 마음이 아닌 머리로 접근하면 에너지는 꼼짝도 하지 않는다. 우리는 모두 느낄 줄 아는 존재이고, 인생은 느낌들의 연속이다. 자신이 잘 하고 있는지 알려면 '내가 지금 기쁨이 충만한 상태인가'를 살펴보면 된다. 기쁨이란 뇌가 아닌 마음이 느끼는 상태이다. 따라서 기쁨을 느낄 때 '내가 머리보다는 마음과 하나 된 상태구나'를 알 수 있는 것이다.

기쁨은 우주의 풍요로움에 다가가는 문이다. 우리가 우주와 '일치감'을 느낄 때는 기쁨을 느낄 때뿐이다. 바로 이러한 일치감에서 모든 풍요로움이 흘러나온다.

질문:

풍요로움이 본래의 고유한 상태라면, 풍요로움을 추구하는 과정에서 너무나 많은 사람이 그토록 힘들어하는 이유는 무엇인가?

답변:

풍요로움을 손에 넣으려면 힘들게 노력해야 한다는 통념이 있다. 단, 이때 많은 사람이 물질적 풍요만 염두에 두는 것 같다. 이러한 논리라면 물질적 풍요를 향한 유일한 길은 힘들게 고생하는 방법뿐이다.

사실은 나도 거의 평생을 그렇게 생각하며 살아왔다. 하지만 25년 동안 일하고 돈을 벌면서도 정작 나의 직업에 전적으로 할애한 시간은 5퍼센트도 채 되지 않는다. 나머지 시간에는 말 그대로 고민거리를 떠올리고 그에 대한 해결 방법을 찾는 데 할애했다. 그러면서 '내가 이렇게 머리를 쥐어짜냈으니 내가 버는 보수는 정당한 거야'라고 생각했다.

그러다 교사로서의 나의 자질을 구체적으로 발휘하기로 했다. 물론 교사로 전직하고 나서 초기에는 거의 수입이 없었다. 하지만 그

때도 내 머릿속에는 여전히 '돈은 힘들게 고생해서 벌어야 해' 라는 생각이 지배적이었다. 재능을 살릴 수 있어서 좋았지만, 가르치는 것도 녹록치 않았다. 그러다 차츰 재미와 금전적 성공이 한데 엮이기 시작했다. '이전의 나는 고생과 돈이 불가분의 관계라는 통념을 믿었다' 라는 사실을 인정하고 받아들이고 나서 나타난 변화이다.

이때 기억해야 할 법칙이 있다. 우리는 항상 자기 자신에게 완벽한 경험이 무엇인지 알고 있고 또 만들어갈 수 있다는 사실이다. 우리가 이 법칙을 인식하든 하지 못하든 간에 이 법칙은 계속해서 우리 삶에 작용되고 있는 것이다. 자신의 일을 싫어하고 힘들게 돈을 버는 사람들은 '어차피 인생이란 기쁨, 풍요로움과 거리가 멀다' 라고 생각한다. 그리고 자신의 생각을 정당화하기라도 하듯 싫은 일을 하면서 '내 생각이 정말 맞다니까' 하고 다시 한 번 되뇐다.

인생은 돌발 퀴즈가 아니다. 우리 옆에는 늘 시험 답안에 참고할 수 있는 책들이 산더미처럼 쌓여 있다. 이 책들을 읽고 답해도 되지만, 다른 사람들에게 대신 읽어달라고 할 수도 있다. 우리는 마음의 준비가 될 때마다 자신의 영적 본질과 역할을 배워나갈 수 있다. 결국 영적인 정신을 깨우느냐 재우느냐는 우리의 선택이다.

의식은 스스로 생각하는 것보다 훨씬 깨어 있다. 그리고 인생은 생각보다 단순하다. 이제 이러한 진리를 인정하고 받아들이면 된다. 자신의 내면과 주변에 널려 있는 무한한 풍요로움에 마음의 문을 열 때이다.

주고받기

주고받기 법칙은 우리가 풍요로움을 이해하고 이를 통해 에너지를 받아들이는 데 가장 핵심이 되는 법칙이다. 주고받는 행위는 동전의 양면과도 같아서 언제나 균형 있게 이루어진다. 선물을 진정으로 주고자 하는 사람과 마음을 열고 선물을 받고자 하는 사람이 있어야 선물이 받는 사람에게 제대로 전해질 수 있다.

주고받기의 개념을 이해하려면 '베풂'의 개념을 정리하는 것이 중요하다. 진정으로 베풀기 위해서는 다음 세 가지 기준을 지켜야 한다.

1. 주는 사람은 받는 사람이 선물을 받고 진정으로 기뻐하길 원해야 한다.
2. 선물은 주는 사람 자신이 선물로 받고 싶은 것이어야 한다.

3. 주는 사람에게는 어떠한 개인적 의도나 조건도 없어야 하고,
   받는 사람은 자신이 원하는 대로 선물을 사용할 수 있다.

누군가에게 자발적으로 아무런 대가 없이 베풀 때, 베풀고 난 마음은 텅 빈 상태가 된다. 베푼 사람의 마음이 누군가로부터 무언가를 받을 준비를 하는 것이다. 받는 동시에 줄 수 있는 위치에 놓인다. 물론 받았다고 해서 반드시 무언가를 줄 필요는 없다. 즉, 주는 사람과 받는 사람이 이 흐름을 깨지 않도록 유지하고 어떤 상황이든 순리대로 흘러가도록 하는 것이 가장 이상적이다. 하지만 인간의 집착과 욕심이 이 흐름을 깨뜨리고 만다.('집착 버리기 법칙'에 대해서는 후반부에서 자세히 살펴보기로 한다).

일상에서 주고받기 법칙을 경험할 수 있도록 우선 이미지를 떠올려보자. 사람들이 하나의 원 안에 한데 모여 있다고 상상해보라. 원 안에서 그들은 서로 무언가를 주고받고 있다. 이 원을 둘러싸고 있는 모든 것이 자유롭게 움직일 때 원 안의 모든 사람은 기쁨을 누릴 수 있다. 진동 폭이 높은 에너지와 흘러 다니는 모든 좋은 기운에서 좋은 것만 얻을 수 있기 때문이다. 그러나 그중 한 사람이라도 다른 무언가를 꽉 붙잡고 있다면 그 흐름은 멈춘다. 그리고 모든 사람의 에너지 진동 폭이 떨어지면서 에너지가 갇혀 있다고 느끼게 된다.

이쯤에서 가장 기본적인 법칙으로 돌아가 보겠다. 진정 어린 선

물이라면 무엇을 말할까? 바로 에너지, 즉 사랑이다. 사랑은 아무리 퍼주어도 바닥나지 않고, 우주의 모든 것에 내재된 원동력이다. 사랑은 진정으로 세상을 움직이는 힘이다. 또한 사랑은 그 특성상 계속해서 커진다.

받는 자는 결국 자기 자신이다

주고받기 원칙에는 중요한 이치가 있다. 남에게 무언가를 줄 때도 결국 받는 자는 자기 자신이라는 것이다. 우리는 모두 '하나' 이기 때문이다.

순수한 기쁨으로 베풀 때 생겨나는 부자가 된 듯한 마음은 다른 사람들의 마음도 부자가 되게 한다. 우리가 받는 사랑의 선물에 대해 감사를 느끼면, 이러한 느낌은 '일치' 의 진폭을 높여 모든 사람과 사물이 더 충만한 기쁨을 느끼게 한다. 이렇듯 주고받기 법칙의 이면에는 결국 자기 자신에게 주는 것이라는 이치가 존재한다.

잠시 당신이 알고 있거나 알았던 사람 중에 남에게 퍼주는 것을 아주 좋아하는 사람을 떠올려보자. 사람들은 퍼주는 동시에 계속해서 남에게 선물을 받기도 하지 않는가? 남에게 베푸는 행위가 결국은 자기 자신에게 주는 행위라는 사실을 인지할 때, 마음은 부자가 된다.

주고받기 원칙은 감사하는 마음에도 그대로 적용된다. 우리가 감사하는 마음을 가지면 감사할 대상은 계속해서 늘어나며 그 가치도 올라간다. 이를테면 우리가 이미 누리고 있는 풍요에 감사하면 그 풍요가 우리에게 주는 가치가 더욱 커지는 것이다. 주고받기의 행위에 감사하라. 더 큰 풍요로움을 경험하리라.

질문:

친구가 두 명 있는데, 한 명은 마음이 후한 편이지만 항상 빚에 허덕이고 다른 한 명은 돈이 많지만 아주 인색하다. 전자는 자신이 받는 것보다 더 많이 주는 것 같고, 후자는 주는 것보다 받는 것이 더 많은 친구인 것 같다. 주고받기가 항상 균형을 이루어야 한다고 했는데, 현실적으로 이런 결과가 나오는 것은 어떻게 설명할 수 있을까?

답변:

우선 '균형'을 위해서는 등호가 성립해야 한다. 그러나 '돈'이 방정식에 포함되면 주고받기의 방정식이 성립하지 않는다. 대부분 사람들은 이 사실을 인식하지 못한다. 풍요로움이란 돈 외에도 수많은 형태로 존재한다는 사실을 간과하기 때문이다.

풍요로움이란 에너지를 가리킨다. 따라서 물질적 풍요뿐만 아니라 모든 풍요를 포함한다는 것을 기억해야 한다. 또 자산과 부채, 평화로움과 긴장, 후함과 인색함도 풍요로움이라는 거대한 에너지에 포함된다.

모든 사람은 자신이 주고받는 풍요의 형태를 자유롭게 각자 원하는 느낌에 따라 선택한다. 각 선택은 개인적이고 주관적인 것이다. 그리고 그 선택에서 오는 느낌이 얼마나 진실한지가 매우 중요하다.

방정식에 들어갈 수 있는 변수가 매우 많은 상황에서 특히 느낌의 진실성이 중요한 경우, '주기'와 '받기'의 등호가 성립하는지 알 수 있을까? 주고받는 행위에 개입해 있고 또 주고받는 것의 균형이 주는 영향을 느끼는 사람만이 자신이 경험하는 균형을 평가할 수 있다. 그러나 질문에서 언급한 두 가지 상황에서 주고받기가 어떻게 균형을 이룰 수 있는지에 대해 대략적인 내용을 전달하기 위해 몇 가지 예를 소개하겠다.

우선 받는 것보다 주는 것이 많은 것처럼 보이는 인심 좋은 사람부터 시작해보자. 이 사람이 빚에 시달리게 되면 누군가가 자신의 돈을 빌려줄 만큼 후한 마음을 보인다고 해보자. 돈을 빌린 사람이 신뢰를 얻는 정도라면 신용 상태가 양호한 것이다. 그가 갚을 것이라는 믿음에서 빌려주는 것이기도 하다.

인심 좋은 사람은 돈 외의 다른 것도 받고 있는 셈이다. 채무 상태가 주는 삶의 긴장감을 즐길 수도 있고, 채무 상태라는 현실로 말미암아 부채를 갚기 위해 더 적극적인 해결책을 모색하도록 자극을 느낄 수도 있다.

또, 주는 것보다 받는 것이 많아 보이지만 도통 주머니를 열지 않는 사람에 대해 생각해보자. 이런 경우는 보통 내면의 깊은 공허함을 채우려 물질적 만족을 주는 온갖 것을 사들인다. 주로 자기 자신을 별로 사랑하지 않는 사람일 가능성이 크다. 또 자신만이 느끼는 공허함이 크다. 다른 사람들은 '저렇게 모으고도 뭐가 부족해서 안달이지?' 라고 생각하겠지만, 그로서는 자신이 정해놓은 '생활을 유지' 하려면 더 모아야 성에 차는 것이다.

주고받는 행위는 균형을 이루는 상태를 추구한다. 그리고 오로지 자기 자신만이 이 균형을 구성하는 요소를 알고 받아들일 수 있다. 타인의 충고도 와 닿지 않는다. 자신이 어떻게 받아들이는지가 중요하고, 그 느낌에 대해 의식이 깨어 있다면 자신에 대한 사랑을 키울 수 있는 자극제가 될 것이다. 그리고 사랑은 주고받기 방정식에 존재하는 단 하나의 요소이다.

돈과 관련된 문제 가운데 채무에 대해서는 앞서 간략하게 소개했지만, 많은 사람이 이 문제로 고민하고 있으므로 다음 장에서 자세하게 살펴보겠다.

채무

채무에 시달리는 사람들이 알아야 할 것이 있다. 채무에 대한 개념, 해결 방법, 느낌이 어떠할 것이라는 통념을 만들어낸 것은 바로 자신이므로 그러한 통념을 바꿀 수 있는 것도 자신이라는 사실이다. 채무에 대한 개념은 '의무' 라는 개념과 직결된다. 부모 공경의 의무, 등교의 의무, 법 준수의 의무, 소득의 의무, 조세의 의무, 노인을 간호하는 의무 등 수많은 의무 속에서 우리는 하루하루 살아간다. 어떤 면에서는 의무감으로 해야 하는 일이 너무나 많은 나머지 어느새 뇌리에는 의무에 대한 강박관념마저 생겨났다. 채무도 일종의 의무이다. 자신이 다른 누군가에게 혹은 사회에 갚아야 할 빚이 많다고 생각하는가? 그만큼 수많은 의무에 대한 강박관념이 크기 때문이다.

채무에 대한 온갖 통념, 해결 방법, 느낌에 대해 속속들이 알고 있다면, 채무는 오히려 이러한 기존의 사고에서 벗어날 수 있는 완벽한 상황이라고 할 수 있다. 그러나 채무의 압박뿐만 아니라 이러한 통념에서 오는 압박을 정면 돌파하겠다는 강한 의지가 있어야 이러한 통념을 바꿀 수 있다.

우선 기존의 통념에 대한 정면 돌파를 하기 위해 자신이 존재하는 이유를 되새겨보라. 그리고 현재 자신의 마음을 무겁게 하는 모든 빚과 의무감을 떠올리며, 각각의 상황이 그 자체로 완벽한 상황이라는 점을 보고 느끼려고 해보라. 그러고 나서 '느끼기 연습'을 하라. 각각의 빚과 개별 채권자에 대해 평온함을 느낄 때까지 매일 '느끼기 연습'을 하라. 채무에 대한 해결점은 빚과 채권자에 대해 평화로운 느낌이 드는 순간부터 시작된다. 해결되는 방식은 다양하게 펼쳐질 것이다. 상환 자금이 생길 수도 있고, 채권자를 용서하게 될 수도 있다.

갚아야 할 빚이 있을 때 느껴지는 '불편함'은 해결책으로 나아가는 신호이다. 그러나 해결책을 모색하려 하지 않으면 불편함은 가중된다. 여러 통념과 느낌에 대해 의식적으로 깨어 있든 그렇지 않든 간에 에너지는 늘 우리의 통념과 느낌으로 흘러 들어오고 있기 때문이다. 그리고 상황이 어떠하든 이렇게 꾸준하게 들어오는 에너지의 증가 폭은 점점 커지고 있다.

상황을 회피하는 것의 반대 개념은 깨어 있는 의식으로 상황을 바라보는 것이다. 회피는 불편함을 더해 주지만 깨어 있는 의식은 채무 상태를 비롯한 여느 상황에서도 우리에게 평화를 준다.

채무에 대한 의식을 바꾸려 노력해도 잘 되지 않는다. 자꾸만 채권자들에 대한 분노가 치밀어 오른다. 이러한 생각이 들 때 어떻게 하면 좋을까?

우선 모든 거래의 시작점은 채무가 아니라는 점을 짚고 넘어가자. 거래의 첫 단계는 돈, 옷, 자동차, 휴가 등 무언가를 받는 행위이고, 그 다음의 단계가 채무라는 것을 기억하라.

빚을 갚는다는 행위가 자신에게 무언가를 제공해준 개인이나 회사에 선물을 주는 것으로 생각해보면 어떨까? 이렇게 인식을 전환하면 상환이라는 행위가 힘겹지만은 않을 것이다. 친구에게 생일 선물을 줄 때면 기분이 좋지 않은가? 빚을 갚는 것도 그런 기분일 수 있다. 만약 주머니에서 청구서 비용이 빠져 나가는 것을 짜증스럽게 느낀다면, 사랑을 내주지 않고 있는 것이다. 이러한 사실에 대해 의식을 깨우자. 그러면 자신에 대한 사랑과 채권자에 대한 사랑이 커질 수 있을 것이다. 사랑의 크기가 커지면 풍요로움의 흐름도 퍼지게 마련이다.

이러한 인식의 전환이 간단하게 들린다고 가볍게 봐서는 안 된다. 청구서 비용을 지급하는 것이 즐거운 경지에 도달한다면, 이미 풍요로움의 법칙에 정통해가고 있다는 신호이기 때문에, 인식의 전환이 의외로 쉽다고 가볍게 볼 것은 아니다.

질문:

지금까지 채무가 있을 때 어떻게 해야 할지를 설명했는데, 채권자의 입장에서 채무자가 상환을 거부할 때는 어떻게 해야 하는가?

답변:

빌려준 돈을 갚도록 하는 간단한 방법은 채무자가 상환의 의무에서 자유로울 수 있게 해주는 것이다. 그러면 '돈을 갚아야 한다'는 마음이 자연스럽게 생기도록 할 수 있다. 다시 말하면 실제로 채무자에게 '나에게서 받아간 돈에 대한 판단은 당신에게 달려있다'는 마음의 메시지를 전달하는 셈이다.

채무자가 상환할 의도가 있다면 이러한 메시지는 다시 한 번 그 의도를 환기시키고, 상환하는 데 최상의 기회를 준다. 채권자가 채무자의 상환 여부에 대해 자유로울 수 있다면, 채무자를 비롯한 주변의 다른 사람들에게도 에너지가 흘러 다닐 것이다.

빌려준 돈을 받아내는 가장 쉬운 방법은 오히려 채무자를 위해 선물을 마련하는 것이다. 그러면 자신의 주변에 풍요로움의 에너지가 퍼질 수 있다. 이것과 관련하여 다음 장에서 '집착하지 않기 법칙'에 대해 알아볼 것이다.

공기는 대기 중을 자유롭게 떠다닌다. 물은 계곡에서 자유롭게 흘러내린다. 파도는 모래사장으로 자유롭게 밀어닥친다. 지구는 자유롭게 자전을 한다. 이처럼 삶의 영적 본질은 자유로운 흐름이다.

에너지의 관점에서 보면 어떨까? 에너지는 효과적이고 효율적으로 기능을 하려면 자유롭게 흘러야 한다. 우주의 에너지는 우리 주변과 내부를 자유롭게 흘러 다니고자 한다. 에너지가 자유롭게 흘러 다니도록 내버려두면 우리는 모두 혜택을 받는다. 그러나 에너지의 자유로운 흐름에 찬물을 끼얹으면 그때마다 우리에게 다가오는 풍요로움에도 찬물을 끼얹는 셈이다. 에너지의 흐름을 막으면 우리 몸에서는 바로 불편함이 감지된다. 이는 우주가 우리에게 '우주의 법칙을 위반하고 있구나.' 라고 전달하는 신호이기도 하다.

자유로운 에너지의 흐름에 역행하는 여러 행위 중에는 현재 소유한 것에 대한 집착이 있다. 우리는 돈과 같이 물질적 가치가 있는 것에 집착한다. 대인 관계에서도 사람에 대한 집착은 멈추지 않는다.

이처럼 사람이나 사물에 대한 집착은 그 사람이나 사물에 대한 경험을 에워싸고 자유롭게 흐르던 에너지를 멈추고, 경험이 주는 기쁨을 줄이게 된다. 아울러 우리 삶에 새로운 사람들과 새로운 것들이 들어올 수 있는 통로도 막게 된다.

소유한다고 집착할 필요는 없다

소유와 집착에는 차이가 있다. 자신이 소유한 집이 마음에 들더라도 강한 애착을 느끼지 않을 수도 있다. 반대로 자신이 소유한 집에 도둑이 들까 봐 노심초사하거나 집의 소유권을 잃을 수도 있다는 불안을 안고 하루하루를 살아갈 수도 있다. 후자의 경우는 집착이다. 이러한 집착은 자신의 삶에서 에너지의 자유로운 흐름을 막을 수 있다.

그러나 이와 달리 대인 관계에서 의리를 지키며 상대방을 전적으로 신뢰할 때도, 상대방이나 그 관계에 집착하지 않을 수 있다. 다시 말해, 상대방에게 항상 전적으로 '자유'를 줄 수 있다는 것이다. 인간관계란 당사자들이 서로 간의 꾸준한 의리로 채워나가는 것이다.

관계에 집착하지 않는 것은 상대방이 자신의 삶으로 들어오도록 문을 열어주는 것과 같다. 관계마다 고유의 깊이가 있고, 서로 힘을 실어주며, 하나의 대인 관계에 다른 여러 대인 관계의 에너지가 흘러들어와 풍요롭게 하기 때문이다. 이때 대인 관계에 집착하는 순간, 사람들의 주변을 자유롭게 흐르던 에너지가 꽉 막혀버린다.

사람들은 무언가에 대해 미래에 놓칠 수도 있다는 우려를 느낄 때 집착을 보인다. 즉, 우주가 엄연히 알아서 완벽한 시기에 적절한 것들을 제공해줄 것이라는 풍요로움의 법칙을 신뢰하지 않는 것이다.

우주의 완벽한 순리를 믿지 않으면 우주는 그에 상응하는 결과를 준다. 우주는 항상 우리가 생각하는 바대로 우리에게 준다. 즉, 부족할 것이란 생각을 하면 부족하게 주고, 풍요로울 것이라고 생각하면 풍요롭게 준다. 그러나 무턱대고 우리의 생각대로 해주지는 않는다. 우주는 우리가 '불편함'의 형태로 느끼는 신호를 전달한다. 이를 통해 '내가 선택한 것이 기쁨이 아니구나'를 느낄 수 있다.

사람들이 무언가에 집착하는 또 다른 이유가 있다. 보통 자기 자신이 '지혜의 영', 즉 '신'보다 자신에게 필요한 것을 더 잘 안다고 생각하는 것이다. 신은 우리와 상관없는 먼 존재이고, 끊임없이 사랑과 지지를 주는 존재가 아니라는 잘못된 생각도 뿌리 깊이 박혀 있다. 그러나 신의 사랑과 지지가 우리 안에 흐른다는 점을 믿으면, 이와 같은 사랑과 지지의 에너지를 모두 누릴 수 있다.

우리 주변의 에너지가 순조롭게 흐를 만큼 우리가 서로 충분히 신뢰할 수 있다면 어떤 세상이 될까? 에너지가 넘치고 흘러서 누구나 즐겁게 나누어 가질 수 있을 것이다. 이때 우리 모두가 쓸 수 있는 에너지가 항상 넘쳐난다는 사실을 기억하자. 그런데 살면서 2%가 부족하다는 느낌이 드는 것은 왜일까? '에너지가 충분하지 않아' 혹은 '내가 가져다 쓸 에너지가 있겠어?' 라는 이성적인 판단이 앞서기 때문이다. 따라서 에너지가 부족하다는 것은 이 '이성적 판단' 을 버리는 것이 최우선 과제이다. 실제로 에너지는 부족하지 않으니까!

'집착 버리기' 에 정통하려면 우선 '우주는 완전한 풍요로움의 집결지' 라는 진리를 마음으로 받아들여야 한다. 그러지 못하면 틀에 박힌 생각으로 판단하고 평가하는 상황의 연속이다. 우리는 원래부터 풍요로운 상태로 태어났다는 것을 받아들이자. 그러면 물질적 풍요에 대한 모든 집착을 날려버릴 수 있고 집착은 몸집이 가벼워져 우리 삶에서 사뿐히 날아가 버린다.

질문:

사람들이 집을 장만하는 것에 대해 단지 '안도감' 을 느끼려는 행위일 뿐이라고 했는데, 사실 대부분 사람의 집 장만 목적이 '안도감' 을 얻으려는 것이다. 그것이 왜 문제가 되는가?

답변 :

안도감을 느끼고자 하는 것 자체는 문제가 없다. 그러나 집 장만이 진정한 안도감을 준다고 착각하는 것이 문제이다.

안도감은 외부에서 찾을 수 있는 것이 아니다. 재산이나 돈을 모아서 안도감을 느끼려는 사람은 정작 자기 자신에게 해를 가하고 있는 것이다. 이처럼 안도감을 느끼려 온 힘을 다해 노력하는 과정에서 자기 자신에게 잘못된 생각을 불어넣고 진리에 난도질을 하기 때문이다.

그렇다면 진리란 과연 무엇일까? 바로 우주가 언제 어느 때든 모든 이에게 완전한 지지를 보내고 있다는 것이다. 안도감이란 이 사실을 마음으로 믿을 때 찾아온다. 물건을 사 모으거나 돈을 쓰는 재미에서 안도감을 느끼려 하는 것은 물건과 돈에 우리의 힘을 쏟아 붓는 것이고, 그럴수록 '불안감'은 증폭된다. 그 결과 진정한 안도감에 대해 깊은 회의를 느낄 뿐이다. 진정한 안도감이란 우주가 전해주는 안전함과 풍요로움을 신뢰할 때만 느낄 수 있다.

질문:

생활에서 집착을 버리려면 모든 재산과 모든 것을 포기해야 하는 것인가?

답변 :

전혀 그렇지 않다. 무언가를 '가지고' 있다는 것과 무언가를 자신의 것으로 '소유' 한다는 것은 영적인 관점에서 볼 때 본질적으로 다르다. 우주에서는 우리가 어떠한 것도 진정으로 '소유' 할 수 없다. 즉, 우리는 어떤 것에 대해서도 주인이 아니다.

사회에서는 집이나 자동차, 자녀나 애완동물 등 다양한 형태의 '소유' 방식에 대해 합의를 한다. 이러한 합의는 인간이 소유권을 행사할 수 있다는 판단에서 나온 것이다. 게다가 사회는 '성공' 을 어떻게 정의하는가? '많은 것을 소유한 상태' 를 성공이라고 한다.

그러나 '소유' 는 '완전히 자유롭게 내려놓는 것' 과 반대이다. 어떤 것이든 그것의 진정한 가치를 음미할 때 그것을 완전히 자유롭게 놓아주는 것이다. 어떤 것이든 고삐를 놓고 제 마음대로 움직이게 하라. 그러면 온전히 그 가치를 음미할 수 있는 완벽한 것으로 거듭난다. 그것을 움켜쥐지 않고 놓아주는 순간, 집착을 버리는 순간, 그것 말고도 완벽한 다른 것이 있다는 사실을 알게 된다.

'가지기 위해 내어주기' 에는 많은 연습이 필요하다. 그렇다고 준다고 해서 소유한 모든 것을 포기하라는 말은 아니다. 인식을 전환하라는 말이다. 어떤 것이든 소유하거나 움켜쥐고 있어야겠다는 인식, 그 생각 자체를 버리는 것이다.

이렇게 제안하고 싶다. 사물이나 사람에 대한 집착을 버리는 연습을 계속하라. 해당 사물이나 사람이 그 자리에 있든 없든 마음의 평화를 느낄 때까지 연습한다. 그러한 평화의 상태에 도달하면 수많은 달콤한 열매가 당신을 기다리고 있다. 무엇보다 그 사물이나 사람이 없어져도 지나친 실망감이나 슬픔을 느끼지 않는다.

'집착 버리기 법칙'은 '풍요로움의 법칙'과 직결된다. 풍요로움이 자연스럽게 흘러 다니도록 내버려두자. 우리가 포기하는 대상이 무엇이든지 그것을 대체할 만한 '풍요로움'이 끝없이 흘러나오기 때문이다.

풍요로움에 대해 이야기할 때 보통 돈과 물건, 사람 등 물질주의의 관점에서 바라보는 경향이 있다. 그러나 풍요로움은 우리 각자가 타고난 수많은 '재능'의 형태로도 찾아와 우리가 함께 나누며 기뻐할 수 있게 해준다.

우주는 그 무한한 사랑과 풍요로움을 우리에게 어떻게 표현할까? 우리가 우주로부터 선물 받은 한 가지 이상의 재능을 통해서 알 수 있다. 자신의 재능이 무엇인지 알고, 이러한 재능을 표출하고자 하는 마음을 갖는 것이야말로 기쁨을 향한 열쇠를 손에 쥔 셈이다.

재능이란 학습되는 것이 아니라 타고나는 것이다. 더불어 재능을 완벽하게 표현할 수단이 있다면 각 재능은 완전한 형태로 거듭난다. 예를 들어 예술적 재능이 있다면, 그 재능을 완벽하게 표현하기 위해 모든 훈련과 기술을 연마하게 된다.

그렇다면 각자의 분야에서 자신의 고유한 재능을 성공적으로 표출하는 사람은 어떠한 사람인가? 바로 자신을 진정으로 사랑하는 사람이다. 성공의 첫 단추는 자신에 대한 사랑이다. 자신을 사랑할 때 자신의 재능을 스스로 인정할 뿐만 아니라 재능을 행동에 옮기고 표현하는 행위가 즐겁게 느껴진다. 또 자신의 재능에 귀 기울이면 자신의 재능에 대해 더 알게 되고, 그 재능을 자유롭고 신나게 표현하는 과정에서 마음의 평화를 얻는다. 그리고 지속적인 연습과 표현을 통해 재능을 갈고닦는 것이 주는 기쁨을 만끽할 수 있다.

재능을 표현하는 행위는 이성적 사고에 기초한 활동이 아니다. 예술가, 음악가, 무용수 가운데 어떤 색을 칠할지, 어떤 음표를 연주할지, 어떤 동작을 할지 머리로 생각하는 사람은 없을 것이다. 대신 철저히 직관에 의존해 끊임없이 샘솟는 창의적 에너지가 자유롭게 흘러 다니도록 한다. 즉, 한계점이라는 것이 없다. 그들의 표현은 생각과 노력이 아니라 자유와 기쁨의 산물이다.

'난 이것밖에 안 돼' 와 같은 생각을 넘어서고 우주에서 무한하게 샘솟는 에너지에 마음의 문을 열자. 그러면 각자에게 맞는 고유한 형태로 기적과 같은 일들이 벌어질 것이다. 자신의 재능을 자유롭게 십분 발휘하면 어떤 느낌이 오는가? 바로 자신에게 내재된 완벽함이 느껴진다. 느낌을 통해 완벽함은 점점 커진다. 이처럼 각자 날개를 펴고 날아오를 준비를 할수록 기쁨을 향해 한 걸음 더 다가갈 수 있다.

재능 발견하기

그렇다면 자신에게 내재된 재능을 어떻게 발견할까? 자신에게 가장 큰 기쁨과 성취감을 주는 것이 무엇인지 파악하면 된다. 뭔가를 했을 때 기쁨이 샘솟을 때가 있지 않은가? 타고난 재능으로 임했기 때문이다. 다음에 나오는 '재능 발견하기 연습'을 해보자. 자신이 표현하고자 하는 타고난 재능을 발견하는 데 도움이 될 것이다.

자신이 가장 좋아하는 활동, 자신의 마음을 뒤흔드는 활동을 적어보자. 이때 활동의 종류가 많다고 좋은 것이 아니다. 한 가지 활동이라도 얼마나 자신의 마음을 흔들어놓는지, 마음이 얼마나 움직이는지가 중요하다. 활동 목록이 적을수록 '재능 발견하기 연습'의 효과는 커진다.

이처럼 가장 큰 영감을 불어넣을 수 있는 활동을 하나 선택한다. 한 가지 활동만 선택하는 것에 불만일 수도 있겠지만, 하나를 선택한다고 나머지 활동을 포기한다는 의미는 아니다.

이제는 앞에서 선택한 재능을 표현할 모든 방법을 적어본다. 이번에는 최대한 길게 적는다. 깊이 생각하지 않고 머릿속에 떠오르는 생각들을 바로 적는다. 황당하거나 사소해 보이는 생각도 상관없다. 이 연습의 목적은 당신의 창의성을 자극하는 것이니까.

그리고 나서 앞서 적은 생각들을 다른 곳에 옮겨 적고, 매일 그 목록을 늘려간다. 어느 정도 시간이 지나면 자신의 재

능을 표현하는 창의적인 방법을 여러 가지 생각해내는 습관
이 길러질 것이다.

재능을 표현하는 방법은 무한하다. 자신의 창의력으로 그러한
방법들을 이끌어내는 것 또한 우주의 풍요로움을 경험하고 있는
것이다.

자신의 재능이 어디에 있는지 모르는 사람은 없다. 자신의 재능
을 잘 안다는 것은 너무나 중요한데, 간혹 스스로 이 재능을 움켜
쥐어 표출 못하는 경우도 있다. 이는 사랑이 자신에게서 외부로 나
가지 못하도록 하는 것과 마찬가지이다. 하지만 완벽한 우주 법칙
의 묘미는 우리가 두 가지 방향에서 재능에 접근할 수 있다는 데
있다. 우선 자기애를 키워서 재능을 표현할 수도 있고, 자기애를
키우기 위해 재능을 표현할 수도 있다.

재능을 표현할 때 얻는 기쁨은 깊은 충만감에서 온다. 재능을 표
현한다는 것은 자기 자신의 표현으로서 내재된 신, 즉 '일치'의 모
습을 완벽하게 표현하는 것이기 때문이다.

질문:
개인적으로 좋아하는 활동 하나를 골라내는 것이 어렵다. 그리
고 나 자신을 표현하고 싶은 방법이 많은데, 모든 활동을 다 할 수
는 없는 것인가?

답변:

물론 가능하다. 하지만 한 가지 활동으로 시작하는 것이 좋다. 자신의 에너지를 효과적으로 활용할 수 있기 때문이다. 한 가지 활동에 에너지를 집중할수록 그 활동의 힘은 더 강해진다. 그렇게 한 가지를 섭렵하고 나서 다음 활동으로 넘어가도록 한다.

우리 주변에는 다재다능한 사람이 많다. 그러나 최종 승자는 한 가지 재능에 '올인' 하고 나서 다음 재능으로 넘어가는 사람들이다. 여러 가지 활동에 주의를 분산하면 에너지도 흩어지고, 이 때문에 여러 재능 중 한 가지로도 이렇다 할 성공을 누릴 수 없게 된다.

예를 들어 스타의 삶을 들여다보면 그들의 일상이 대부분 평범하다는 것을 알 수 있다. 단, 자신의 재능을 훌륭하게 표현하고 있기 때문에 초특급 스타로 인식되는 것이다. 우리는 각자 적어도 한 가지는 초특급 스타만큼 표현할 수 있는 재능을 타고 났다. 그런데 그 재능이 무엇인지 알고 최대한 심혈을 기울여 표현할 만큼 자기 자신을 사랑한다면, 우리 모두도 초특급 스타가 될 수 있다.

여기에서는 이미 다음 장에서 다룰 법칙을 언급했다. 바로 '관심을 집중하는 대상은 커진다' 는 법칙이다.

제25장

관심의 집중은 그 대상을 키운다

우리는 마음 가는대로 자유롭게 무언가에 관심을 기울일 수 있다. 현재 가지고 있는 것에만 관심을 집중할 수도 있지만, 수중에 없는 것만 생각하며 살 수도 있다. 고민거리만 떠올리며 일상을 보낼 수도 있고, 반면에 항상 모든 것에는 목적이 있고 모든 상황은 우리 본연의 힘을 확인할 기회라고 여기며 지낼 수도 있다.

그러나 자신에게 없는 것과 고민거리에 대한 자신만의 생각만 고집하면 실제로 자신에게 없는 것과 갈등요소에 대한 고민이 쌓이고 쌓여 결국 '기정 사실'이 되고 만다. 고민거리에 에너지를 쏟으면 쏟을수록 어느새 그러한 고민을 자초하는 상황만 끌어 모으는 것이다.

실제로 인류는 수천 년이 넘는 세월 동안 '부족함'과 '갈등 상황'에 대해 이성적으로 평가하고 판단했다. 그리고 과거, 현재, 미래에 대한 오만 가지 '예상과 추측'을 거듭하며 '부족함'과 '갈등 상황'을 '규명'하고자 노력했다.

따라서 '관심의 집중은 대상을 키운다'는 진리를 받아들이자. 오히려 '관심의 집중으로 그 대상은 작아 보인다'라는 반대의 원칙이 억지스럽다.

부족함에 대해서만 생각하다가 실제로 부족함의 상황이 펼쳐지느니, 차라리 풍요로움에 치중하는 것이 낫지 않은가? 돈이 부족한 상황만 생각하지 말고, 차라리 돈이 많은 상황을 생각하면서 사는 것이 낫지 않은가?

구체적으로 답하자면 이렇다. 우선 우리가 풍요로움을 갖고 태어난 존재임을 되짚어보라. '부족함'과 '갈등 상황'이 현실이 되기까지 끊임없이 그러한 상황에 대한 생각을 계속 해왔을 것이고, 그 생각에 몰입하다보면 '그래. 내가 처한 현실은 부족함과 갈등 상황으로 꽉 차 있어.'라고 더욱 깊이 믿게 되기 때문이다.

'자신이 믿고 있는 생각'이란 '느낌'에 자기 나름대로 부여한 생각이다. 제13장에서 설명한 '느끼기 연습'에서 '생각'과 '느낌'을 생각날 때마다 구분해 최대한 두 가지를 혼돈하지 말라고 했다. 생각에서 느낌을 분리한다는 것은 '부족함'에 대해 '불편하다, 힘들다' 등의 어떠한 느낌도 결부시키지 않는 것이다. '부족함'이라는 있는 그대로의 상태에서 본연의 풍요로움을 느껴보라. 그리고 계속해서 '풍요로움'의 상태를 느끼려고 노력하자.

이때 느낌에서 생각을 분리하려면 '그동안 어떻게 생각에 느낌을 결부시켰는지'에 대해 의식을 깨워야 한다. 일례로 자신의 인간적인 생각에 대해 판단하고 평가를 내린다면 '생각'에 '느낌'을 덧댄 것이다.

잠시 '집착하지 않기' 법칙을 떠올려 보자. 생각에 대해 판단을 내리면 그 안의 에너지가 갇혀버린다. 이러한 생각의 울타리에서 벗어나고자 한다면 우선 이성적 사고의 작동을 멈추고 느낌에 온갖 촉각을 세워라. 느낌은 '힘의 원천'이요, '지혜의 영'과 만나는 지름길이기도 하다.

간단히 말해 '관심의 집중은 대상을 키운다'라는 원칙은 우주의 진정한 지혜의 힘, 즉 우리의 느낌에 내재된 힘에 대한 의식을 깨운다는 것이다. 생각에 방해받지 않고 있는 그대로의 순수한 느낌에 관심을 최대한 집중시키자. 우리의 내면과 주변에 평화와 기쁨과 풍요로움이 커질 것이다.

질문:
우주의 법칙에 '자기 최면'을 활용할 수 있을까?

답변:
사람들은 '자기 최면'이나 '자기 암시적 다짐'을 통해 자신의 생

각을 바꾸기도 한다. 그럴 때 가끔은 처음 의도와는 반대되는 결과가 나타난다. 예를 들면 아픈 환자가 '나는 튼튼하고 건강해'라고 반복해서 자기 최면을 거는데도 차도가 없는 경우이다.

왜 그럴까? 현재의 느낌과 일치하지 않는 암시적 다짐은 그 자체가 우리의 '진정한 힘'이 나올 수 있는 '느낌'을 통하지 않기 때문이다. 그뿐만 아니라 '느낌'을 무시하고 '머리'로 암시를 하다보면 어느새 머리로 '생각'하는 행위가 점점 중요해지고 '느낌'은 무시되고 만다.

탐탁지 않은 생각을 극복하는 첫 번째 단계는 우선 그러한 생각이 있다는 사실을 있는 그대로 받아들이는 것이다. 그런 다음, 그 생각에 대해 판단하지 않는다. 그 생각을 있는 그대로 가만히 내버려둔다. 그리고 생각을 느낌에서 분리하고, 생각에 들였던 에너지를 되찾게 해주는 '느끼기 연습'을 한다.

때로는 세상이 나를 버린 것 같다는 느낌으로 무기력해 질 때가 있다. 이럴 때는 보통 자기 최면을 걸어서 어떻게든 극복해보려고 한다. 그러나 자기 최면은 무기력함을 증폭시키는 반면, '느끼기 연습'은 자신감을 키워 세상살이에 대한 두려움을 없앤다.

한편으로는 도움이 되는 자기 최면 방법도 있다. 진정한 진리를 내포하고 자신에게 깊은 영감을 줄 수 있는 문구를 선택하는 것이다. 예를 들면 '나는 신과 하나이다', '내 안에 우주의 사랑을 느낀다'라고도 할 수 있고, '나는 사랑을 느끼고 싶다'와 같은 간단한 문구도 상관없다. 자신이 십분 공감할 수 있는 자기 최면 문구, 자신에게 특별한 느낌으로 다가오는 문구이면 된다. 이 문구를 되뇔 때 기쁨이 찾아오지 않는다면 기쁨을 느낄 때까지 '느끼기 연습'을 한다.

이처럼 마음속으로 이와 같은 진리를 되뇌다 보면 '본연의 자아'가 도움의 손길을 내밀고, 마음속에 사랑과 지지와 기쁨이 넘쳐난다.

이제 쉬는 시간이다. 이후에는 우주의 원칙 중에서도 중심에 있는 '인생의 목적'에 대해 살펴볼 것이다.

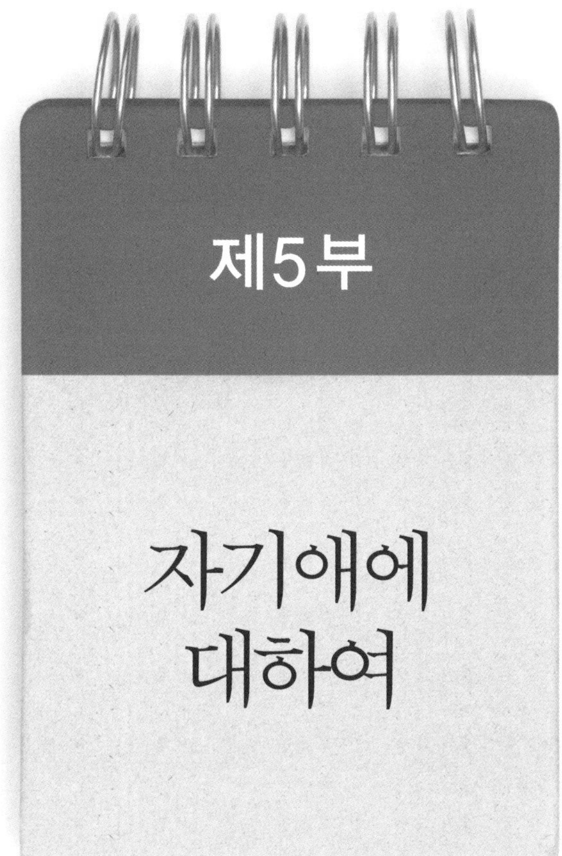

제5부

자기애에 대하여

제26장 인생의 목적

인생의 게임을 잘 할 수 있는 가장 중요한 단계는 인생의 목적을 파악하는 것이다. '우주에서 나의 역할은 무엇인가?' 라는 질문에 답할 수 있을 때 비로소 위대한 우주의 아름다움, 힘, 완벽함의 열매를 얻을 수 있다.

이처럼 목적을 자각하여 '내가 우주의 일원이구나.' 라는 소속감을 키워보자. 이를 통해 자신이 우주에서 일어나는 거대한 경험의 중요한 일원이라는 점을 인식할 수 있다. 그렇게 되면 더는 우주와 분리되었다거나 혼자라는 느낌이 들지 않는다.

이처럼 목적을 확실히 알고 있으면 그 목적의 테두리 안에서 발생하는 모든 상황은 의미가 있게 된다. 삶에서 일어나는 수많은 상황들은 더 이상 단독적이거나 별것 아닌 상황이 아니다.

그리고 자신이 하려는 행동이 목적에 맞는지 자문해보라. 복잡해

보이는 세상살이도 단순해지고 수월해질 것이다. 그러고 나면 행동을 지속할지 여부를 결정하고, 더 큰 만족을 얻을 수 있는 방식으로 자신의 재능을 표현하는 데 더 많은 시간을 할애할 수 있다.

날마다 몇 번씩이라도 인생의 목적을 떠올려보라. 목적의 내용을 조용히 떠올리거나 소리 내어 읽을 수도 있다. 방법이야 어떻든 목적을 말할 때 떠오르는 '영감'을 느끼는 것이 중요하다. 이때 우주에서 자신이 얼마나 중요한 존재인지 다시 한 번 깨닫게 된다. 또 '지혜의 영'이 자신에게 뭐라고 하는지에 대해 의식이 깨어 있게 되어 결정의 순간이 닥칠 때마다 지혜의 영의 제안을 따른다.

그리고 삶에서 고민이 있을 때마다 목적을 떠올려볼 것을 제안한다. 사건이나 상황이 마음을 심란하게 할 때가 있다. 이는 자신이 그것을 단독적인 사건이나 상황으로만 보려는 제한된 시각으로 접근했기 때문이다. 인생의 목적을 떠올리면 상황을 넓고 깊이 있게 이해할 수 있다.

인생의 목적 알기

인생의 목적은 어떻게 알 수 있을까? 첫 단계는 우선 조용한 가운데 '느끼기 연습'의 세 단계를 해보는 것이다. 자신을 깊이 사랑하는 평화로운 상태에서 이렇게 자문해보자. '내가 살아가는 목적은 무엇인가?', '우주에서 내가 할 수 있는 나만의 역할은 무엇인가?'

그리고 질문에 대한 답이 떠오를 때까지 기다린다. 어떤 생각이 떠오르든 상관없으며, 떠오르는 단어가 꼭 화려하거나 시적인 문구여야 할 필요는 없다. 그 문구가 충분히 느낌을 끌어내기만 하면된다. 목적이 단순할수록 그 힘은 커진다. 예시 문구 몇 개를 소개한다.

- 내 인생의 목적은 마음을 열었을 때 느낄 수 있는 기쁨과 위력을 많은 사람에게 보여주는 것이다.
- 나는 즐거운 마음으로 지혜와 창의적인 표현을 발휘한다.
- 내 인생의 목적은 사랑, 기쁨, 자유, 풍요로움으로 가득한 삶을 사는 것이다.
- 나는 조화와 평화 속에서 나의 사랑과 창의력을 신나게 표현하고 싶다.

이렇게 자신의 인생의 목적을 떠올리는 것은 삶에 새로운 영감을 불어넣고, 진정한 자아의 모습을 표현하도록 자신을 부추기는 것이다. 그러면 자신에게 내재된 기쁨의 숨소리를 듣고 느낄 수 있다.

기쁨과 풍요로움을 향한 준비

우주의 완벽함은 여러 가지 모습으로 존재한다. 그중에서도 우주는 모든 이에게 기쁨이 넘치는 삶을 주기 위해 에너지와 동기부여를 하는 형태로 완벽함을 드러낸다. 이를 통해 우리는 우주로부터 주변의 모든 것에 매순간 감사를 느끼는 아름답고 풍요로운 삶을 선물받는다.

아름답고 기쁘며 풍요로운 삶을 향해 나아가는 방법 몇 가지를 소개한다.

1. 삶의 목적을 알고, 하루에도 몇 번씩 느낌으로 떠올린다.
2. 우주에서 자신의 역할이 얼마나 소중한지에 대한 느낌을 키운다.
3. 자신의 있는 그대로의 모습이 곧 삶의 기쁨의 표현이 되게 한다. 있는 그대로의 모습으로 자신을 표현하는 것은 우주 안에서 자신에게 부여된 완벽한 역할을 실천해나간다는 것을 의미한다.
4. 인생의 진정한 게임에 대해 계속해서 상기하고, 생각날 때마다 이 게임을 한다. 인생의 목적에 맞는 삶을 살고, 본연의 모습 그대로 표현할 때 진정한 게임을 하고 있는 것이다.
5. 모든 사건이나 상황을 자신의 인생 목적에 맞고 '우주의 법칙'에 맞게 바라본다. 이를 통해 모든 상황에서 기쁨을 느끼는 능력을 키운다.
6. 진지하게 인생의 진정한 게임에 합류하는 다른 사람들과 함께한다(제7부 참조).

질문:

인생의 목적이 무엇인지 감이 오지 않을 때는 어떻게 하면 좋을까?

답변:

누구에게나 적어도 한 가지 이상 목적이 있다. 자신의 인생의 목적이 무엇인지 간파하지 못했다는 것은 자신에게서 사랑이 나가지 못하도록 차단하고 있다는 말이다. 자신의 목적을 스스로 느낄 수 있도록 여유를 가지고 기다려보자. 그러면 어떠한 영감이 떠오르고, 생기가 느껴질 것이다. 이것이 바로 우주가 주려는 선물이다. 그러나 우선 자신에 대한 사랑을 키울 때까지는 우주가 주는 이러한 선물을 받지 못할 것이다.

다음 장에서는 '자기애'에 대한 문제를 더욱 깊이 있게 다루고, 자기애를 키우는 데 도움이 될 만한 간단하고 강력한 연습 한 가지를 제안한다.

제27장

자기애와 거울 연습

　　자신을 스스로 어떻게 바라보는가? 더 중요하게는 자신에 대해 어떻게 느끼는가? 이 두 가지는 앞으로 인생을 어떻게 경험하는가를 좌우한다. 쉽게 말해서 우리 주변에 누가 있든 어떠한 것이 있든 간에 자기 자신과 계속해서 관계를 쌓아나가고 있다는 것을 뜻한다.

　　그 어떤 것도, 그 누구도 우리 자신과 분리된 것은 없다. 단, 우리가 스스로 누구와, 혹은 무엇과 분리되었다고 생각한다면 그것은 우리 머릿속에서 그렇게 잘못 알고 있는 것이다. 즉, 자신의 있는 그대로의 모습으로 '자아'를 사랑하려고 하지 않는 것이다.

　　그렇다면 자신을 어떻게 더 사랑할 수 있을까?

　　자기애를 키울 아주 간단하고 강력한 방법이 있다. 바로 '거울 연습'이다.

거울 연습

거울 앞에 서거나 앉아서 자신의 눈을 들여다본다. 그리고 '느끼기 연습'의 세 단계를 한다. 자신을 깊이 사랑할 수 있을 때까지 계속해서 자신을 들여다보라.

거울을 들여다보면 자신에게 어떤 느낌을 느끼는지 금세 알 수 있다. 자신의 있는 그대로의 모습을 받아들이지 못하는 이런 저런 이유가 바로 눈에 들어오기 때문이다. 줄어드는 머리숱, 늘어나는 살들, 주름살, 겁먹은 표정이나 슬픈 표정이 금방 눈에 띈다. 이처럼 우리가 자신을 있는 그대로 사랑하지 못하는 이유는 끝도 없다.

거울을 계속 들여다보면서 그 각각의 이유에 대한 느낌도 들여다본다. 그리고 동시에 이러한 느낌에 대해 마음의 문을 열고 사랑을 느낀다. 그래서 자신에 대한 사랑을 느낄 때까지 그 사랑이 점점 커지게 한다.

처음에는 자신을 사랑하지 못하는 여러 이유가 가장 먼저 눈에 들어오고, 느낌의 버튼은 아예 꺼두게 된다. 그러나 지속적으로 관심의 초점을 여러 느낌과 자기애를 느끼는 데 맞춘다. 자기애가 조금만 느껴져도 아주 잘하고 있는 것이다. 조금씩 끊임없이 실천하다보면 자기애를 느끼려는 마음이 커진다. 그리고 어느새 자신을 깊이 사랑하게 된다.

자기애를 느끼기 시작하는 순간부터 새로운 삶이 펼쳐질 것이다. 자신의 있는 그대로를 느끼고, 있는 그대로의 자신과 소통하기 때문이다. 그리고 자신에게 진정한 힘이 있다고 느낄 수 있다.

자기애에는 한계가 없으며, 모든 사람의 완전한 힘에도 한계는 없다. 한 가지 장벽이 있다면 바로 ‘인식의 장벽’이다. 즉, 우리가 자신을 사랑할 수 없다고 생각하는 여러 가지 개인적인 이유가 바로 장벽인 것이다. 그러나 사랑할 수 없는 여러 가지 이유에 쏟아부은 에너지를 자신에게 느끼는 깊은 사랑으로 대체하면 자신을 사랑하지 못하는 이유는 점점 꼬리를 감추고 사라진다.

자신을 사랑하지 못하는 수많은 이유의 껍질을 벗겨내자. 그 이면에는 진정한 자아, 자신의 영적 본질, 즉 순수한 사랑이 있을 것이다. 영적 본질은 항상 우리를 진정으로 사랑하고 있다. 또한 우리가 자신을 사랑하지 못하는 모든 이유가 우리 본연의 상태와 상반되는 것이며 잠시 스쳐가는 생각일 뿐이다. 무조건적인 사랑을 보여주는 부모님이나 부모님 같은 분들을 공경하는 것도 우리가 진정으로 자신을 사랑하기 때문이다.

우리의 영적 본질은 부인할 수 없는 강력한 힘이다. 이처럼 내재된 힘에 다가가려는 마음이 조금만 있어도 된다. 열린 마음으로 자유롭게 느끼면서 다가가기만 하면 된다.

이처럼 자신에게 내재된 힘에 다가가려고 노력하는 것 자체가 바로 자기애를 보여주는 것이다. 거울을 볼 때마다 그 힘에 한 걸음 더 나아가자고 자기 자신을 은연중에 설득하고 있는 것이다.

인생은 '자신과 함께하는 자신의 경험'이라는 점을 기억해야 한다. 자신을 사랑하는가? 자신을 신뢰하는가? 두 가지 질문에 '그렇다'고 대답한다면 스스로 자기 자신의 힘과 위대함을 진정으로 인정하고 받아들인다는 뜻이다.

질문:

스스로 자신을 사랑할 수 없게 만든 사람들을 '공경'해야 한다고 했다. 나는 현재 내 자녀의 부모이지만, 과거에는 누군가의 자녀였다. '공경심'에 대해 더 잘 알고 싶으니 자세히 설명해 달라.

답변:

자녀가 있는 부모들은 때로는 자녀를 대하는 언행에서 자녀를 사랑하지 않는 것처럼 보일 때도 있지만, 항상 자녀를 사랑하고 자녀를 위해 가장 좋은 것을 주고자 한다. 우리 자신과 부모의 관계도 마찬가지이다. 부모가 우리를 대하는 방식을 그대로 따라하면서 부모에게 사랑이 없는 태도로 대한 적도 많다.

부모로부터 배운 것에 대한 공경심, 부모에게서 보고 배운 행동을 답습하는 것에 대한 공경심을 느끼는 것은 조건적 사랑이며, 무조건적인 사랑을 느낄 준비가 될 때까지 디딤돌 역할을 한다. 무조건적인 사랑을 느낀다는 것은 진정한 '소통', 즉 '일치'의 경지에 이르는 소통을 할 수 있다는 뜻이다.

부모는 우리에게 많은 생각을 주입해 왔고, 우리는 부모와의 관계를 유지하기 위해 은연중에 많은 생각을 품게 되었다. 이러한 생각들은 부모와 자식 간에 느끼는 애증을 오가는 춤에 비유할 수 있다. 그 춤은 부모와의 '일치'를 느끼는 깨어있는 의식과 '불일치'를 느끼는 편견어린 생각을 오간다.

부모와의 관계에서 느끼는 무조건적인 사랑과 일치감의 느낌이 서서히 우리의 깨어 있는 의식에 스며드는 동안 우리는 계속해서 다양한 형태로 이 춤을 추고 있다.

'느끼기 연습'을 통해 이러한 느낌과 의식적으로 소통하면서 춤을 연습할 수 있다. 자기애의 느낌이 커질수록 사랑은 모든 사람을 향한 무조건적인 사랑이라고 할 수 있는 '일치'로 확대된다.

이처럼 '일치'의 느낌을 확대하는 과정에서 인간이 육신을 초월한 존재임을 알 수 있을 것이다. 자기 자신을 받아들일 때, 자신을 순수한 의식과 영적 본질로 느낄 수 있다. 이 영적 본질은 모든 것의 영적 본질과 연결되어 있다. 그리고 각자의 개성이 다른 우리는 영적 본질을 표현하는 방식도 다르다. 진정 영적 본질은 그 주인이 누구이건 활력을 발산하고자 한다.

'공경심'은 그 형태도 다양하다. 그 중 자아를 전적으로 자유롭게 표현하도록 하는 것이 가장 고귀한 공경심이다. 그리고 우리가 부모에게 공경심을 느끼는 것은 우리의 내적 자아가 자유롭게 표현하며 성취감을 발현하는 과정의 디딤돌이다.

제28장

편안함과 불편함, 고통과 희열

자신에게 얼마나 사랑을 느끼는지, 아니면 자신에게서 사랑이 외부로 전해지지 못하도록 막고 있는지 어떻게 알 수 있을까? 이는 편안함이나 불편함을 느끼는 정도로 알 수 있다. 마음에 평화가 있고 마음이 편안하다는 것은 자신에게 사랑을 느낀다는 것이다. 반면에 불편함은 자신에게서 사랑이 나가지 못하게 차단하기 때문에 생겨난다. 이처럼 이러한 신호는 몸과 마음에서 느껴지며, 극심한 통증에서 희열에 이르기까지 다양하다.

나는 통증을 육체적으로 느껴지는 '공포' 라고 정의한다. 그리고 공포란 사랑을 차단하는 것, 다른 사람들이 차단하기도 하지만 항상 자기 자신에게서 사랑이 나가는 것을 차단하고 있는 상태로 정의한다. '공포' 의 반대말은 '희열' 이다. 우주에 있는 우리 자신, 모든 것, 모든 사람을 위해 사랑을 퍼부어주는 것이 바로 희열이다.

그렇다면 편안함과 불편함에 대한 원칙이 특별한 이유는 무엇인가? 바로 우리가 느끼는 지각에 대해서만 다룬다는 점이 흥미롭다. 그리고 상황 자체가 편안하거나 불편한 것이 아니다. 우리가 어떻게 해석하느냐에 따라 그 상황은 편안할 수도 불편할 수도 있는 것이다.

이러한 법칙을 더 잘 이해하려면 어떻게 해야 하는가? 우선 자기 자신에 대한 인식의 폭을 넓히려는 의지가 있어야 한다. 우리를 구성하는 것은 단지 육체만이 아니다. 생각, 경험, 소유물, 사용하는 것들로 구성된 것도 아니다. 무엇보다도 우리는 '영적 본질'인 지혜의 영, 즉 신의 존재로 채워져 있다. 즉, 우리 자신은 신의 사랑이 우리 안을 흐르도록 하는 매개물이다. 그리고 각자는 '일치'의 구성원이다. 다시 말하면, 아무도 어떤 것에서든 분리되어 있지 않다는 것이다. 그렇다면 불편함은 어디에서 나오는 것일까? 자신이 홀로 동떨어져 존재한다는 것은 잘못된 생각이다. 이 때문에 우리가 육체만으로 구성되어 있다고 잘못 생각하여 '불편함'이 생겨나는 것이다.

하지만 어떻게 하면 이러한 잘못된 판단을 피해갈 수 있을까? 우선 자기 자신에 대한 사랑을 느끼라. 그리고 다른 모든 사람과 다른 모든 것에 대한 사랑을 느끼라. 그리고 상황을 있는 그대로 완벽한 것이라고 받아들이라.

'지혜의 영'이 우리 영의 본질적인 상태라는 점을 느끼고 아는 순간, 잘못된 생각으로 가득한 세상에서 흔들리지 않고 중심을 잡을 수 있다. 단, 고정관념과 통념에 개의치 않고 모든 것은 있는 그대로 완벽하다는 진리를 받아들이는 것이 그 첫 단계이다. 일반적인 생각과 믿음은 사람들의 행동 방식과 최종 결과에 영향을 미칠 수는 있지만 각자의 영적 본질과 우주의 본질인 '완벽함'은 바꾸지 못하기 때문이다.

편안함과 불편함의 신호를 새로운 방식으로 받아들여보자. 어떤 사람들은 마약, 술, 섹스, 일 등 수많은 회피 수단을 통해 불편함과 고통의 느낌에서 벗어나는 법을 터득하기도 한다. 그런가 하면 그런 불편함이 일, 결혼, 육아, 안정적인 미래의 성공으로 가는 데 필요한 것이라고 믿으며 고통을 감내하는 법을 배우는 사람들도 있다.

여기에서 가장 적응하기 어려운 부분은 수년간 익숙해진 삶의 방식과 습관을 극복하는 것이다. 우선 고통과 불편함의 신호를 받아들이는 새로운 방식을 터득하려면 우리가 활용할 수 있는 모든 도움과 지지를 끌어 모아야 한다. 규칙적이고 지속적으로 '느끼기 연습'을 하고자 하는 굳은 의지가 있을 때, 그러한 신호를 극복할 만반의 준비가 된 것이다.

제안을 하나 하겠다. 자신의 느낌이 아무리 강렬할지라도 있는 그대로 느끼겠다고 마음을 먹자. 또 자신을 사랑하겠다는 마음을 먹고, 자신에게 최대한 도움이 되도록 주변 환경을 만들어나가자.

이를 위해 무조건적인 사랑과 지원을 퍼부어줄 수 있는 한 명 이상의 '지지 모임'을 구성하는 것이 좋다(제7부를 참조할 것).

기억하라. 우주란 서로 도움과 지지를 주고받는 체계이고, 우리는 서로 지지하는 환경에서 각자 자신에게 부여된 역할을 수행해야 한다. 이러한 환경을 마련하는 것이야말로 진정한 기쁨의 삶으로 나아갈 수 있는 길이다.

질문 :

내가 느끼는 고통의 원인이 나 자신이라는 점을 받아들이기 어렵다. 이 문제에 대해 조언을 해준다면?

답변 :

받아들이기 어려울 수도 있겠지만, 고통이라는 것은 자신이 선택하는 것이자 자유 의지의 표현이다. 고통을 느끼기로 마음을 먹었다는 것은 육체에 대한 생각만 하기로 했다는 말이다. 우리가 고통을 느끼는 것은 그때마다 육신에 집중하고 있다는 사실을 다시 입증할 뿐이다.

우리는 몸을 사용해 고통을 경험하기도 하지만, 반면에 몸을 사용해 삶의 즐거움을 만끽하기도 한다. 맛있는 음식을 먹고, 운동을 하고, 꽃의 향기를 맡고, 무지개와 노을을 감상하고, 성적 희열에 도달하면서 쾌락을 느끼기도 한다.

우리 몸은 활용 수단의 하나로, 우리는 몸을 통해 삶의 경험을 하기도 한다. 그러면서 어느덧 우리 몸은 하나의 독립된 지능을 보유하고 있다는 생각을 하게 되었다. 우리 몸이 음식, 감정적 상태, 인간이 하는 여러 활동에 반응하는 법을 결정하도록 내버려두는 셈이다.

물질적 세상에서의 모든 경험은 물질적인 영역을 초월할 수 있다는 점을 기억하라. 그러나 우리가 물질적 경험들을 깊이 있게 경험할 수 있다는 사실이 더 중요하다.

기쁨은 느낌의 일종이며, 느낌은 진동의 형태를 띤다. 진동 폭이 클수록 느껴지는 기쁨은 커진다. 육체적 활동을 할 때 느껴지는 기쁨이라 해도 육체적 활동과는 무관하다. 육체적 영역이란 우리의 의식을 무기력하게 형성한 것에 불과하다. 육체적 영역이 모든 것을 좌우한다는 어리석은 믿음을 버리자. 이러한 믿음을 버리면 오히려 육체적 영역을 영적으로 활용할 수 있다.

사회적 통념을 비롯한 인간적인 생각이 가치 있다고 생각하는가? 그것들은 허상에 불과하고, 허상을 믿으면 고통이 수반된다. 한편 허상을 추구하는 사람들은 허상이 진정한 것이라고 믿는다. 예를 들어 탁자와 의자가 불에 불타오르는 오븐처럼 보이고, 지우개와 연필이 날카로운 바늘처럼 보이는 허상 말이다.

모든 인간적인 믿음의 이면에는 허상의 모습이 있다. 가장 큰 허상 한 가지는 육체적 영역에서 의미를 찾고자 하는 것이다. 이러한 허상이 고통을 초래한다는 점은 더 큰 비극이다.

우리의 영적 본질은 순수한 의식 세계이며, 진동 폭이 빠르다. 세속적인 생각에 영향을 받지 않기 때문이다. 영적 본질의 상태에 온전히 자신을 내어놓으면 높은 진동 폭에서 느낄 수 있는 기쁨과 맑은 의식을 느낄 수 있다. 의식 세계에서 우리는 원하는 모든 경험을 만들어갈 수 있다. 생양파가 들어간 햄버거를 먹으면서도 기쁨을 만끽할 수 있고, 호수에서 배를 타거나 산에서 스키를 타거나 바다에서 수영을 하면서도 줄곧 기쁨을 얻는다.

우리의 의식 세계인 영적 본질은 모든 것과 하나가 되는 상태이다. 그렇게 되면 우리가 바라는 모든 것에 자유롭게 다가갈 수 있다. 칼로리 걱정, 남들의 시선 걱정, 고통에 대한 걱정 등 인간적인 생각에서 자유로워진다.

자, 이제는 여러분에게 질문하겠다. 자신에게 무한한 기쁨을 선사할 만큼 자신을 사랑하는가? 마음의 준비를 하는 순간 당신 자신의 영적 본질은 이미 준비되어 있는 것이다.

제29장

과거와 용서

과거에 매여 사는 사람, 특히 불편한 느낌을 끌어내는 과거사에 집착하는 사람이 많다. 그것을 빨리 잊고 싶고, 거기에서 벗어나고 싶어서이다. 또 이런 착각도 한다. 불편한 과거사는 충분히 털어낼 수 있다고.

그러나 현재 순간에 우리가 집중하고 있는 과거사도 현재의 일부이다. 현재만이 존재하므로, 현재 느껴지는 불편함에만 손을 쓸 수 있지 않은가?

앞 장에서도 언급했지만 불편함은 자신이 사랑을 차단하고 있다는 신호이다. 대개 누군가의 행동에 사랑이 없다고 판단하거나 '나에게는 도움이 안 되는 사람이야'라고 판단한 오래 전부터 사랑은 이미 차단되고 있었다. 현재 혹은 과거에 남에 대한 판단을 내리는 이유가 무엇이든 간에 결과는 한 가지이다. 에너지의 흐름이 막혀 불편함을 경험하는 것이다.

사랑이라는 에너지는 계속해서 커지고 있으므로 사랑을 억누르려면 온갖 힘을 쓰게 마련이다. 이처럼 억눌린 에너지를 계속 내보내지 못하면 고통이 심해지고 병이 난다.

그렇다면 판단을 내릴 때 어떻게 하면 에너지를 자유롭게 할 수 있을까? 용서를 연습하면 된다. 용서는 인간적인 판단에 갇힌 에너지에 물꼬를 틔워주는 마음이다.

과거에 자신에게 사랑을 내주지 않았거나 현재 그렇다고 판단되는 사람을 용서하려고 노력해보자. 용서를 연습하다보면 자신이 내린 판단에 느낌이 결부되지 않을 수 있다. 우리의 일부 판단은 뿌리가 깊고 강하므로 오랜 시간 지속적으로 용서를 연습해야만 편견과 판단을 전적으로 내버릴 수 있다. 여기에서 시간은 중요하지 않다. 얼마만큼 용서하려고 하는지 그 마음이 중요하다.

하지만 이 과정에는 혼자만의 힘으로 임하는 것이 아니다. 언제나 우주가 우리 곁에서 우리 본연의 상태인 기쁨을 가로막는 모든 걸림돌을 제거하는 데 도움을 준다. 아울러 용서할 기회도 제공한다.

기억하라. 불편함을 느끼게 하는 사람이 곁에 있다면, 바로 우리가 용서하지 못한 그 사람 또는 그 사람을 대변하는 다른 누군가이다. 예를 들어 모임에서 누군가를 만났을 때 그 사람이 거부감을 주는 말이나 행동을 하지 않았는데도 즉각적으로 거부 반응을 느끼는 경우가 있다. 왜 거부감이 드는 것일까? 자신이 사랑을 차단했던 누군가가 그 사람을 통해 생각났기 때문이다.

이보다 더 개인적이고 깊이 있는 관계에서는 어떨까? 우리가 용서할 마음이 있는 식구들이나 또는 어릴 적 우리에게 스승 역할을 했던 이들이 여기에 포함된다. 우리와 가장 가까운 친구, 배우자나 애인, 고용주, 동료들이 이러한 인물들의 역할을 하면 우리 자신이 과거를 순순히 받아들이는 데 도움이 된다.

이 과정이 놀라운 점은 용서 대상에 대해 제대로 알 필요가 없다는 것이다. 그저 지금 이 순간 용서하기만 하면 된다. 현재의 경험에서 만나게 되는 사람에 대해 용서를 느낄 때, 그 사람이 나타내는 사람이 누구이든 용서할 수 있는 것이다.

더 깊이 들어가면, 자신이 진정으로 용서하는 대상은 바로 자기 자신이다. 다른 이에 대한 판단을 버리는 것은 실제로는 자기 자신에 대한 판단을 버리는 것이다. 자신에게 사랑을 주지 않는다고 판단했던 모든 사람을 진정으로 용서한다는 것은 자신을 사랑했을 때 돌아오는 선물이다.

다음 연습을 통해 용서하는 마음, 나아가서는 용서 대상에게 깊은 사랑을 느끼는 데 도움을 받을 수 있다. 각 단계를 여유 있게 진행하라고 당부하고 싶다. 그리고 각 단계를 최대한 자주 실행하라. 용서하고자 하는 사람에게 깊은 애정을 느낄 때까지.

용서 연습

'용서 연습'에서는 '내적 자아'의 도움을 끌어오도록 할 것이다.

1. '느끼기 연습'의 세 단계를 통해 마음의 준비를 한다.
2. 평화로움, 자기애, 자애심이 느껴질 때, 판단하고 있는 특정 대상을 자신의 의식세계로 끌어들인다.
3. '내적 자아'에 도움을 요청하여 그 사람에 대한 느낌을 떠올린다. 그 느낌을 가능한 한 깊이 느낀다.
4. '내적 자아'에 도움을 요청하여 이러한 느낌에 대한 깊은 사랑을 느낀다. 자신의 마음을 열고, 이러한 느낌을 끌어안는다.
5. 자신의 '내적 자아'에 깊은 사랑을 느낀다.
6. 그 사람을 용서하고자 하는 마음이 느껴지도록 '내적 자아'에 도움을 요청한다. 마음의 문을 가능한 한 활짝 연다.
7. 이러한 용서의 느낌이 용서 대상에 대한 깊은 사랑으로 커지도록 한다. 마음의 준비가 되었을 때, 그 사람을 깊게, 열린 마음으로 감싸 안을 수 있다.
8. 자신의 영적 본질과 일치한다는 느낌을 느낀다.

전에 마음으로 판단했던 사람에 대한 깊은 사랑을 느낄 수 있을 때, 오랫동안 갇혀 있던 에너지를 자유롭게 놓아주고 큰 희열을 느낄 것이다. 자신의 마음을 열고 용서하려고 할 때마다 이러한 강렬함을 만끽할 수 있다.

질문:

행동으로 나를 짜증나게 하는 주변의 모든 사람을 떠올리면 그들을 용서해야 한다는 엄청난 부담으로 마음이 무겁다. 이러한 문제에 어떻게 대처해야 할까?

답변:

관건은 자신의 마음에 달렸다. 스스로 용서를 불가능한 일로 받아들이는지, 아니면 힘들더라도 기적과 같은 일로 받아들이는지 느껴보라. 인생의 게임에 정통하려면 우선 다음을 자문해보아야 한다. '진정한 게임이란 무엇인가?' 하는 것이다.

진정한 게임이란 돈을 많이 벌고 수많은 자산과 명예를 거느리는 것이라고 여긴다면 육체적 영역의 비중이 영적 본질의 비중보다 훨씬 클 것이고, 남을 용서한다는 것은 별로 중요하지 않은 고된 체험에 지나지 않을 것이다. 그러나 삶의 목적이 사랑, 기쁨, 진리를 키워나가는 것이라고 여긴다면 용서하는 마음과 모든 사람을 사랑하는 마음을 기르는 방법을 배우는 과정은 큰 의미가 있고 흥미진진하다.

인생의 진정한 게임을 하고자 하는 사람들이 많아질수록 옳고

그름과 좋고 나쁨에 대한 여러 가지 판단과 인간적인 생각에 갇힌
에너지들을 자유롭게 풀어주려는 도움의 손길도 많아지게 마련이
다. 그리고 용서하고자 하는 사람에 의해 더 많은 에너지가 자유롭
게 풀려 날 때마다 우리는 모두 사랑과 기쁨이 커지고 있다는 것을
느낀다.

제30장

조화로운 대인 관계

우리 삶의 모든 관계는 자기 자신과의 관계를 반영한다. 스스로 자기 자신을 진정으로 사랑할 때, 다른 사람들과의 애정 어리고 조화로운 관계를 만들어나갈 수 있다.

그렇다면 관계 속의 조화는 어떤 모습일까? 우주는 우리에게 완벽한 사례를 나타낸다. 우주는 서로 도움을 주고받는 체계이므로, 조화로운 관계를 위해서는 다른 사람들을 도와주고 또한 그들이 자신에게 도움을 줄 수 있도록 늘 마음을 열고 있어야 한다. 어떻게 하면 마음의 문을 최대한 열 수 있을까? 다른 사람들과 마음의 영적 본질이 서로 만나게 하고, 그들의 영적 본질과 자신의 영적 본질이 완벽하다고 인식하면 된다.

실존하는 모든 것은 완벽하며, 실존하지 않은 것은 착각에 불과한 것이다. 분노, 혼란, 걱정, 공포는 허상에 불과하다. 자신과 타인의 행동을 화가 난 것이나 사랑이 없는 것으로 해석하려 할 때, 우리는 허상에 무게를 싣고 있는 셈이다. 또 앞에 놓인 허상이 실존하는 것이라는 잘못된 생각에 무게를 싣고 있는 것이다. 우리의 완벽한 영적 본질에 계속해서 초점을 두려고 할 때, 자신과 상대방은 자유롭게 기쁨과 사랑을 느낀다.

연습을 할수록 완벽한 영적 본질에 쉽게 집중할 수 있을 것이다. 쉽게 연습할 수 있는 방법을 한 가지 소개한다. 낯선 사람이 길을 걸어갈 때 그 사람을 응시한다. 표정을 살피고, 그 표정의 이면을 보려고 한다. 그리고 그 사람의 완벽하고 기쁨에 찬 본연의 상태를 보려고 한다. 이처럼 모르는 사람들에서 시작해 가까운 친구들에도 적용해보라. 완벽한 영적 본질을 보려는 연습을 하다보면 놀라운 선물이 기다리고 있을 것이다. 바로, 자기 자신이 이미 완벽하고 기쁨에 찬 상태에 있다는 것을 볼 수 있는 능력이 생겨난다.

우주는 도움을 주고받는 완벽한 체계

우주가 주는 도움은 우리의 인간적인 생각에 따라 달라진다. 예를 들어 당신의 삶에 왠지 모르게 밉상인 누군가가 등장한다고 가정해보자. 실제로 이 친구는 당신이 자기 자신에 대해 못마땅하게 생각하는 부분, 받아들이지 못하는 부분을 행동으로 보여주는 것이다. 이는 한편으로 바로 우리 안의 '내적 자아' 가 '현재 사랑을 주지 않고 있는 바로 그 부분을 제대로 보라' 는 메시지를 던지고 있는 것이다. 즉시 자신의 아킬레스건을 깨닫고, 자신을 있는 그대로 받아들이려고 하자. 그러면 그동안 우리를 괴롭고 답답하게 하면서 몸 안에 갇혀 있던 에너지가 자유롭게 흐르도록 문이 열릴 것이다.

다른 식으로 설명해보겠다. 우리 인생에는 수많은 등장인물이 있다. 그 한 사람 한 사람은 각기 나름의 목적이 있다. 우리가 본래 타고난 '힘'을 되찾도록 도와준다는 것이 공통된 등장 목적이다. 이 진리를 마음으로 받아들인다면, 만나는 모든 사람과 인연에 감사함을 느낄 것이다.

인간 본연의 '힘'을 되찾고자 하는 열망이 클수록 자신에 대한 사랑과 믿음이 깊어질 것이다. 그러고 나면 마음으로 느껴지는 '조화'는 우리의 '조화로운' 관계와 인연에 그대로 반영될 것이다.

질문:

앞 내용이 진리라는 사실은 알겠지만 나의 남편이 이러한 생각을 따라와 줄지 의문이다. 가까운 관계 안의 두 사람 가운데 한 사람은 '진정한 게임'을 하기로 해도 나머지 한 사람이 걸핏하면 싸울 태세이고 상대방의 행동 하나 하나에 꼬투리를 잡고 늘어질 때는 어떻게 하면 좋은가?

자신이 관여하는 모든 대인 관계는 자신의 생각, 인간적인 사고, 느낌을 그대로 반영한다. 배우자와의 관계처럼 가까운 사이에서는 생각과 느낌이 반영되는 정도가 아주 강렬하다. 그래서 실제로 벌어지는 상황을 있는 그대로 받아들이기보다는 그 상황에 인간적으로 반응하려고 하는 경향이 있다. 쉽게 말하면 배우자의 모습에서 나를 볼 때, 즉 나의 생각과 느낌을 볼 때 화가 나게 마련이다.

결혼 생활에서는 이런 문제에 대해 서로 거의 대화를 하지 않지만, 상대방이 이 진리를 받아들일 마음의 준비가 될 때까지 기다려 주어야 한다는 암묵적 합의가 존재한다. 물론 실제로 매번 기다려 주는 것이 불가능하다고 여겨질지라도, 친구나 가족뿐만 아니라 부부 사이에도 이처럼 진정으로 서로 배려한다면 상대방이 얄밉거나 못됐다는 생각은 사라질 것이다. 상대방의 모습을 있는 그대로 받아들이는 과정에서 이미 서로 더욱 깊이 사랑하고 마음 깊이 지지하게 된다.

따라서 상대방이 도움이 안 된다며 한숨을 내쉬기 전에 사실은 그가 이미 당신을 마음 깊이 지지하고 응원하고 있다는 것을 깨달아라. 또 남편을 있는 그대로 사랑하고 받아들이는 것이야말로 그에게 해줄 수 있는 최고의 지지라는 점을 깨달아라. 그도 있는 그대로의 아내를 지지하고 있으므로.

남편이 늘 먼저 부부 싸움을 시작하고 아내에 대해 비판적인가?

그 모습은 아내 자신의 면모를 그대로 투영하고 있는 것이다. 남편을 있는 그대로 사랑하고 받아들여라. 그러면 그에게 투영된 자신의 모습과도 화해할 수 있을 것이다.

아내가 느끼는 남편에 대한 사랑과 자기 자신에 대한 사랑이 깊어질 무렵, 남편은 계속해서 아내에 대해 공격적이고 비판적일 필요를 느끼지 못할 것이다.

배우자는 우리 자신을 완벽하게, 끊임없이 드러내는 거울과 같다. 배우자를 소중히 여기고 자신에 대한 배우자의 헌신적 지지를 고맙게 여긴다면, 두 사람은 서로 더욱 성장하도록 인생 최고의 투자를 하는 셈이다.

제31장

세부적인 것은 우주의 손에

세세한 것들에 신경쓰며 사는 사람들에 대해 우리는 '이성적 사고의 활동'이 활발하다고 평가한다. 어찌 보면 현재 우리는 마음속 깊이 '이성적 사고로 상황을 판단하는 것이야말로 결정을 내리고 계획을 세우는 최상의 방법이자 유일한 방법'이라고 세뇌되어 있는지도 모른다.

그러나 이성적 사고는 모든 상황에 존재하는 모든 변수를 알지 못한다. 오직 '지혜의 영'만이 이러한 위대한 지혜가 있다. 따라서 이성적 사고에 대한 집착을 버리고 직관의 소리를 듣자. 다시 말해, 지혜의 영과 영적으로 만나 지혜의 영이 다 알아서 해주도록 맡기면 된다. 그러면 너무도 쉽게, 노력을 들이지 않고도 상황이 순조롭게 펼쳐진다는 것을 알게 될 것이다.

살면서 '우연히도' 계획했던 것보다 훨씬 좋은 결과로 이어지는 경우로 이어진 경험들이 있을 것이다. 나의 경험을 예로 들어보겠다. 1982년, 워크숍을 시작한 지 얼마 되지 않았을 때의 일이다. 어느 날 저녁 뉴욕의 한 아파트에서 워크숍에 대한 예비 워크숍을 열었다. 그때 내가 모르는 어느 여성이 참석을 했는데, 서로 소개를 하기도 전에 자리를 떠났다. 그로부터 6개월 후에 그녀가 나에게 전화를 걸어 워크숍을 진행해달라고 요청했다. 패트리샤 호란이라는 이름의 그녀는 작가이자 '뉴 리얼리티즈'라는 잡지의 기고가였다. 그 후 그 잡지사의 제임스 볼렌이라는 사장에게서 나에 대한 특집 기사를 싣고 싶다는 연락이 왔다. 그 뒤로 그는 나의 절친하고 깊은 친구가 되었고, 나의 제2의 인생에 큰 지지자가 되었다.

이 모든 과정에서 단 한 번도 내가 미리 계획을 세우거나 결과를 예상한 적이 없다. 오로지 무한한 지혜가 있는 우주가 완벽할 정도로 모든 일을 도맡아 하며 그 결과들을 만들어냈다.

이처럼 우리에게 내재된 지혜의 영이라고 할 수 있는 '직관'에 온전히 맡기면 된다. 그렇다고 해서 소극적인 삶을 살라는 말은 아니다. 오히려 그와 반대로 적극적으로 임해야 한다. 지혜의 영이 우리의 갈 길을 이끌도록 맡길 때, 자신에게서 상상도 하지 못했던 방식의 언행이 표출된다. 그리고 이처럼 맡기는 것을 확신할 때 행동에도 자신감이 넘치고, 어떤 상황에서든 긍정적 결과를 얻을 수 있다는 자신감이 생겨난다.

이처럼 내면의 소리를 듣고 지침을 따르다보면 우리 내부와 주변에서 더 많은 에너지가 흐르고, 인생살이가 정말 신명나고 재미있어진다. 또 자신과 관련한 모든 사람에게 가장 지혜로운 결과가 나온다.

이 시점에서 강조할 내용이 있다. '세세한 것들을 우주의 손에 맡길' 때, 선별적으로 맡겨서는 안 된다는 것이다. 이처럼 자신의 이성적 판단이 '주인 행세'를 할 때는 무의식중에 '나 자신이 지혜의 영보다 똑똑하다'라는 생각이 자리 잡기 때문이다. 따라서 '지혜의 영'이 주인 행세를 할 수 있도록 온전히 맡길 때만 우주가 우리 자신과 주변 사람들에게 도움이 되는 방향으로 세부적인 것들에 관여할 것이다.

이 밖에 이 원칙과 관련하여 중요한 점이 또 하나 있다. 자신의 재능을 자유롭게 표현할 때도 모든 관련 작업이 우주의 주관하에 효율적이고 순조롭게 진행된다. 게다가 이렇게 사랑을 순수하게 표현하여 얻는 결과물은 그것이 상품의 형태이든 서비스의 형태이든 최상의 품질을 자랑하게 된다.

즉, 우리의 영적 본질에서 우러나오는 표현을 할 때 우주는 우리를 위해 최대한의 지지를 아끼지 않는다. 그러면 이를 통해 자신감과 기쁨에 넘쳐 진정한 창의적 에너지를 자유롭게 발산할 수 있다.

그렇다면 계획을 세우는 것은 시간 낭비라는 말인가?

그렇다. 계획을 세우는 것은 이성적 사고에 의한 것이고, 이성적 사고가 활발하게 작동하는 순간 '지혜의 영'은 차단된다. 다시 말해, 매순간 완벽하게 우리의 삶을 이끌어줄 '지혜의 영'을 거부하는 것이다.

인생은 고생의 연속이고 각자 알아서 자기 살 길을 고민하고 모색해야 한다는 생각은 이성적 사고에 기반을 둔 고정관념일 뿐 진리와는 거리가 멀다. 그렇다면 진리는 무엇일까? 우주가 매순간 우리에게 신호를 보내고 있다는 것이다. 이를 깨닫고 이러한 신호에 귀 기울여 따른다면 상황은 기적처럼 전개된다. 쉽게 말해, 계획을 세울 필요가 전혀 없다.

인간적인 관점에서 바라볼 때는 머릿속에서 나올 수 있는 변수, 선택권, 가능성이 제한적일 수밖에 없다. 하지만 '지혜의 영'이 바라보는 훨씬 넓은 관점에서는 모든 경우의 수가 존재한다.

또한, 다들 미처 생각지도 못했던 상황이 주는 기쁨과 자유를 만끽한 적이 있을 것이다. 우주가 모든 이에게 애정 어린 지지를 보내고 있다는 진리를 받아들이고 신뢰하는 것은 하루아침에 되는 일이 아니다. 하지만 그 열매는 진정 달콤하다. 우주가 세세한 것까지 관여한다는 사실에 공감할 수 있을 뿐만 아니라 우주를 신뢰한 대가로 예상치 못한 기쁨과 자유를 느낄 수 있기 때문이다.

물론 미래에 대한 거시적인 계획을 세워야 할 때도 있다. 단, 그럴 때도 '직관'의 소리를 귀 기울여 듣고 우주가 가장 큰 힘을 실어줄 만한 행동을 찾아보라. 현재 깨어 있는 직관이 앞으로 어떤 행동을 해야 할지 이끌어줄 것이다.

질문:

계획하는 것이 바람직하지 않다면 하루를 준비할 때 어떻게 해야 하는가?

답변:

우선 거울을 보며 '느끼기 연습'으로 하루를 시작하라. 그리고 직관은 '지혜의 영'에 다가가는 길이고, 우리의 느낌을 통해 '직관'과 만날 수 있다는 것을 기억하라. 우리의 느낌과 느낌 안에 있는 에너지에 집중하라. 그리고 그 밖의 오만가지 생각에는 관심을 줄이자. 그러면 '지혜의 영'이 우리에게 매순간 전달하는 신호를 경청하고 따르는 역량을 키워나갈 수 있을 것이다. 이러한 신호는 우리 삶에 길잡이와도 같다.

직관의 소리를 듣는 법은 한 가지밖에 없다. 이렇게 한 번 해보라. 우선 느낌에 집중하고, 마음속에 살며시 떠오르는 생각에 집중한다. 그리고 직관의 신호를 따르고 그 결과를 주시한다. 그런 다음에는 이 모든 과정 자체를 즐겁게 받아들인다.

내 직관의 소리를 들어보니 이제 휴식 시간이 된 것 같다.

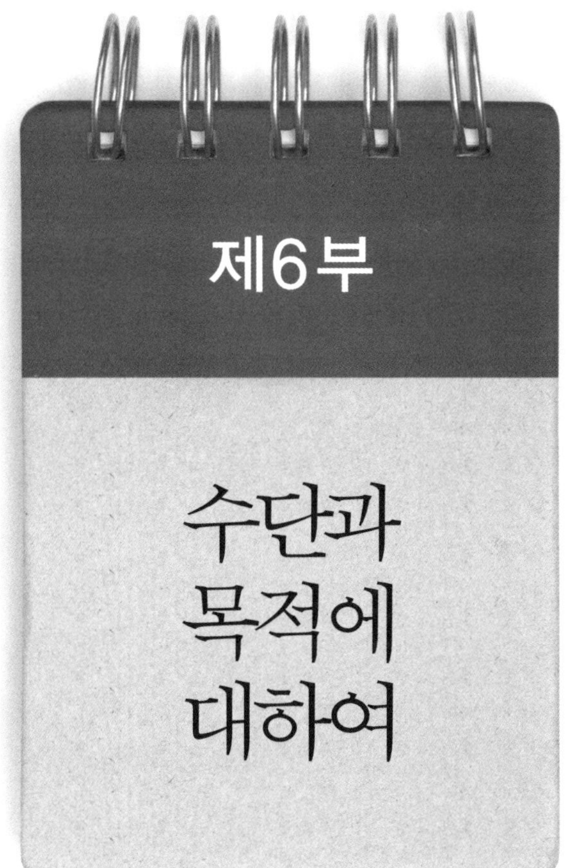

제6부

수단과
목적에
대하여

제32장

수단과 목적의 일치

우리 사회는 최종 결과인 목표에만 연연해하며, 이에 따라 자연히 대다수 사람도 목표 달성이 삶의 주요 목적이라고 생각하며 살아간다. 하지만 이러한 목표 중에는 자신이 아니라 남이 세운 것도 많다. 주로 부모나 주변 사람과 같은 남들이 자신을 위해 세워준 목표이다.

간혹 목표를 높게 세우는 사람들이 있다. 대개 목표 달성 외에는 아무것도 눈에 들어오지 않을 정도로 승부욕이 강한 이들이다. 사회는 그런 사람들을 높이 평가하고 치하한다. 또한 사회는 '목적이 수단을 정당화한다.' 라는 생각을 고수한다. 자신의 건강, 행복, 가족과 친지를 희생하더라도 목표를 달성하고자 하는 사람들을 이른바 '성공한 사람' 이라고 칭한다.

오늘날 사회에는 미래의 목표를 위해 현재의 순간을 희생해도 무방하다는 생각이 깊이 만연해 있다. 일례로 40년 동안 한 직장에서 열심히 일한 A씨의 경우를 보자. 그가 자기 만족감이 없는 직장에서 40년 동안이나 묵묵히 일한 한 가지 이유는 편안하고 안락한 노년을 위해 넉넉한 퇴직금을 받고 은퇴하려는 목적이었다.

우리는 평화로운 삶에 다가가기 위해 전쟁과 같은 삶을 산다고 해도 과언이 아니다. 마치 처벌을 통해 범죄율을 줄일 수 있다는 고정관념과도 같다. 다시 말하면, 목적하는 바와 반대되는 행동을 통해 원하는 결과를 얻을 수 있다는 생각이다. 나아가 사회 전반적으로도 '목적이 수단을 정당화한다'라는 생각에 집착하는 경향이 있다.

여기에서 얻을 수 있는 진리는 단순명료하다. 수단과 목적은 같아야 한다는 것이다. 결과를 달성하기 위해 선택하는 수단은 그 자체가 결과에 부합해야 한다.

- 평화를 달성하려면 매순간 내적 평화를 느끼고 표현해야 한다.
- 무조건적인 사랑과 지지를 경험하려면 매순간 모든 사람과 모든 것을 위한 무조건적 사랑과 지지를 느끼고 표현해야 한다.
- 완벽하게 흘러가는 삶을 살려면 항상 자신을 포함한 모든 사람과 모든 것의 완벽함을 보고 느껴야 한다.
- 우주 본연의 풍요로움을 경험하려면, 우리 주변의 풍요로운 상황에 감사를 느끼고 표현해야 한다.

이처럼 원칙은 심오하지만 단순하다. 우리 자신을 어떻게 표현하는가에 따라 달성하는 결과가 달라진다.

질문:

이 이야기대로라면 모든 것이 너무나 간단하고 쉬워 보인다. 그저 순조로운 삶을 바라며 자신의 내면이 사랑과 기쁨으로 가득하도록 하기만 하면 되는 것 같다. 행복과 성공을 위해 특별히 무언가를 '할' 필요가 전혀 없다는 말인가?

답변:

우리는 무엇을 '하기' 위한 존재가 아니라 '존재' 하기 위한 존재이다. 그런데 실제로는 무언가를 '하는' 것에 지나치게 큰 의미를 둔다. 그래서 인생은 고생의 연속이고, 우리가 받는 모든 것은 그에 대한 대가로 열심히 일해서 갚아야 하는 것이며, 사람들은 적자생존의 본능이 있고, 마음을 열면 다치게 마련이라는 생각의 울타리에 갇혀 지낸다. 그리고 이러한 고정관념을 정당화하기 위해 무언가를 계속하며 대부분 시간을 보낸다. 그러나 이러한 생각을 고수하는 한 그에 걸맞은 무언가를 '해야 한다' 라는 강박관념에 시달리게 된다.

모든 사람이 열린 마음으로 자신의 마음을 표현하면 그 결과로 편안함과 기쁨을 얻을 수 있다. 이처럼 마음을 여는 것은 우주 본연의 풍요로움을 경험하는 한 가지 방식이기도 하다.

일상에서 '빨래'나 '설거지'와 같은 일을 '할 때' 그저 일로만 여기며 할 수도 있겠지만 조금 달리 생각하면 옷, 접시, 물, 비누, 싱크대와 같은 일상의 생필품에 감사함을 표현할 수도 있다. 단순한 행위에서 벗어나 감사하는 행위에 초점을 맞추면 옷을 정리하거나 따뜻한 비눗물에 손을 씻는 것도 즐거울 것이다.

사람들이 어떠한 행위에 아무리 열심히 임한다 해도 결국 우리는 변함없이 '존재'하는 존재이다. 현재 존재하는 우리의 실제 모습을 받아들이는 것이 가장 중요하다. 이를 실천하는 한 방법으로 자동차 뒤에 '존재한다는 것은 참으로 신나는 것'이라는 문구를 붙이고 다닐 수도 있을 것이다.

제33장

우리가 만들어가는 결과의 수용

이성적 사고는 불편함을 초래한다는 것에 이제는 다들 수긍할 것이다. 그런데 우리는 자신에게 삶의 외부적 상황을 통제할 능력이 없다는 것을 알고 있으면서도 종종 주변 사람이나 상황 탓을 하려는 유혹을 받는다.

그럴 때는 내부의 '힘'을 유지하면서 외부 상황에 이미 쏟아 부은 '힘'을 되찾아야 한다. 이를 위해서는 우리 삶에 어떤 상황이 벌어지든지 그 원인 제공자는 바로 '나 자신'이라는 사실을 상기해야 한다. 또 그런 상황이 된 데는 다 이유가 있다는 사실도 상기하자.

그 다음에는 이미 벌어진 상황과 '화해'해야 한다. 그러자면 그 어떤 상황이나 사람도 좋거나 나쁘지 않고 옳거나 그르지도 않다는 것을 받아들여야 한다. 물론 이렇게 판단을 버리는 법을 배우는 데는 참을성과 끈기가 필요하다.

상황을 있는 그대로 받아들여 상황과 '화해'하라. 그래야만 비로소 마음을 열고 모든 사람이 하나의 원 안에 있는 소중하고 가치 있는 존재라는 사실을 받아들일 수 있다. 우리는 모두 커다란 상호 지지 체계를 구성하는 작은 지지 체계이기 때문이다.

우리는 본능적으로 모든 사람, 모든 것과 조화롭게 살고자 한다. 일상에서 마주하는 모든 극단적인 상황에서 자기 자신과 다른 사람들을 사랑하고 지지하는 연습을 할수록 극단적인 상황은 서서히 줄어들고 사랑과 지지, 아낌과 조화로 가득한 환경이 펼쳐진다. 어느새 조화로운 삶이 진행되고 있는 것이다.

질문:

좋지 않은 상황이 닥쳤을 때 나는 나 자신을 탓하지 남 탓은 거의 하지 않는다. 그런 상황과 마주하면 그저 나 자신에게 화가 날 뿐이다. 나와 같은 사람들에게 한 마디 조언을 한다면?

답변:

우선 질문자가 무의식중에 에너지로 가득한 금광에 앉아 있다는 말을 하고 싶다. 기억하라. 그 에너지는 바로 사랑이다. 분노와 같은 부정적인 감정은 사랑을 에워싸는 것으로, '판단'이라고 부른다. 분노와 비난의 속에서는 사랑은 자취를 감춘다.

그리고 타인에게 화가 나는 것과 자기 자신에게 화가 나는 것을 왜 다르다고 생각하는가? 그것은 착각이다. 우리는 모두 '하나'이고, 떨어질 수 없는 관계이다.

사랑에 관해 우리는 두 가지 선택을 할 수 있다. 사랑이 자유롭게 흐르게 해서 그 사랑을 음미할 수도 있고, 반면에 사랑을 판단하고 숨기고 불편함을 초래할 수도 있다. 우리의 느낌에 대해 판단하거나 정의하는 것만으로도 사랑이라고 할 수 있는 에너지가 흐르지 못하고 꽉 막히게 된다. 이처럼 에너지를 가두어놓는 것은 그때마다 우리 힘의 원천을 가두어놓는 셈이다. 그러면 본연의 '힘'이 점점 사라져 우리는 갈수록 연약해진다.

질문자에게 말씀드리고 싶은 것은 자신에 대한 사랑의 느낌을 키우는 데 초점을 맞추라는 것이다. 분노로 막혀 있는 엄청난 사랑은 질문자의 손길을 기다리고 있다. 자기 자신에게 마음의 문을 열면 자신에게 내재된 '힘'이 엄청나다는 사실을 알게 되고, 정신적 연약함은 사라질 것이다. 또 자신에 대해 사랑을 느끼는 연습을 시작할 때마다 그동안 꽉 막혀 있던 에너지, 즉 사랑이 차츰 자유롭게 흐를 것이다.

그리고 무엇보다 지금 이 순간 자신이 자기 자신에게 최고의 친구라는 점을 인정하기 바란다. 가장 친한 친구에게 화가 날 때 어떻게 관계를 풀려고 노력하는가? 가장 친한 친구가 얼마나 소중한 존재인지 되새기면서 판단은 버리고 친구에게 사랑을 표현하지 않는가?

무언가에 숙달하면 일정 수준에 도달한다. 그리고 그 수준에 도달하기까지 갈고 닦은 실력은 또 다른 분야에서 빛을 내기도 한다. 이 법칙의 사례는 주변에서 쉽게 볼 수 있다.

신문의 경제면을 펼치면 대기업 사장이 제품이나 서비스군이 전혀 다른 직종으로 이직했다는 소식이 심심치 않게 눈에 띈다. 일단 기업에서 사장 급에 오르면, 사장이라는 직책은 유지한 채 사회의 다른 분야로 이동할 뿐이다.

사회에는 다양한 기술과 재능의 등급을 매기는 위계질서가 있다. 예를 들어 사업 수완이나 전문적 기술에 능한 사람은 바느질, 요리, 제품 수리, 도배 등의 직종에 종사하는 사람보다는 높은 사회적 지위를 누린다. 또 사람들이 이러한 고정관념을 받아들이는 한 상황은 바뀌지 않을 것이다.

하지만 사실 모든 재능의 가치는 동일하다. 높은 사회적 지위와 가치가 부여되지 않는 기술이나 재능을 갖춘 사람들도 이와 같은 진리를 받아들여야 한다. 사회가 특정 기술이나 재능에 부여하는 가치보다 훨씬 중요한 것이 바로 자신이 자기 자신에게 부여하는 가치이기 때문이다.

우리가 자신의 재능의 가치를 제대로 인식하면 그 재능이 다른 사람들에게 전달하는 가치도 증폭된다. 요리하거나, 타일을 깔거나, 아이를 키우는 데 탁월한 능력이 있는 사람들도 성공한 대기업 사장만큼 칭송받아 마땅하다. 모든 사람은 각자 자신의 전문 분야에서 슈퍼스타로 대우받을 자격이 있다. 그러나 스스로 자기 자신을, 그리고 자신의 재능을 소중히 여기지 않는다면, 다른 사람들도 마찬가지로 당신과 당신의 재능을 존중하지 않을 것이다.

여기에서 중요한 핵심은 바로 '자기애'이다. 자기 자신을 사랑하지 못하게 하는 수만 가지 이유는 재능을 표현하여 기쁨과 만족을 얻는 데 걸림돌이 된다.

사랑이 자신의 내면에서 밖으로 퍼져 나가지 못하게 하는 걸림돌은 많다. 그중에서도 과거에 대해 마음을 풀지 못하는 것이 큰 걸림돌이다. 어릴 적 나를 스쳐간 모든 인연, 특히 부모나 자신을 돌봐준 보모와의 관계에서 현재 자유로운가? 이러한 관계에 대해 편한 마음이 들지 않는 한 그들과의 불편한 관계는 당신이 자신의 재능을 한껏 발휘하는 데 걸림돌로 작용할 것이다.

한편 자기 자신과 부모에 대해 깊은 사랑을 느끼는데도 자신의 재능을 십분 발휘할 수 없다면, 여전히 풀지 못한 문제나 갈등에 연연하는 것이다.

우리는 모두 자신의 재능을 무궁무진하게 발전시킬 수 있는 예비 슈퍼스타이다. 모든 재능에는 그것을 완벽하게 표현할 수 있는 수단이 필요하듯이 여건이 되고 준비가 된다면 우리 모두 슈퍼스타가 될 수 있다. 그리고 스스로 자기 자신을 슈퍼스타라고 바라볼 때, 다른 사람들도 그러한 시각으로 바라볼 것이다.

질문:

한 분야에서 성공을 거두면 다른 분야에도 그 성공을 위해 사용되었던 기술과 정신세계가 활용될 수 있다는 말인가?

답변:

정답이다. 자신의 재능을 발휘할 수 있는 직업을 찾는다면 그야말로 성공의 수준에 도달할 수 있고, 이를 성공적인 삶이라고 할 수 있을 것이다. 그리고 자신에 대한 사랑을 키운다면 그보다 더 높은 수준에 도달할 수 있다. '자기애'의 에너지는 매우 강력하고 무궁무진하여 우리 삶을 엄청난 수준으로 개선시킬 수 있다.

나는 점토 공예에 재능에 있어서 공예 작업을 통해 내 느낌을 표현하기를 좋아한다. 내 공예 작품들은 우수한 실력과 예술성에 대해 늘 극찬 받고 있다. 그래서 하던 일을 그만두고 공예가의 길을 걷고자 하는데 정말로 준비가 되었는지 잘 모르겠다.

답변:

우선 몇 가지 짚고 넘어갈 것이 있다. 첫째, 경제적 불안감을 떨치기 위해 현재의 직장에서 받는 수입이 유지되어야 한다. 따라서 여가 시간에 예술적 재능을 발휘하기 바란다.

둘째, 현재의 삶을 다시 한 번 바라보라. 돈 관리를 잘하는가? 재테크에 소질이 있는가? 돈 관리에 문제가 없고 재테크에도 관심이 많다면 공예가로 방향을 전환하는 것도 고려해볼 만하다.

그러나 돈 관리에 취약하다면 돈 문제에서 비롯되는 영향을 피할 수 있도록 일단은 여유를 가지고 먼저 의식의 폭을 넓혀라. 그리고 자신이 내면 깊이 느끼는 바가 현실에서 그때그때 그대로 반영된다는 점을 기억하라. 즉, 돈 관리를 생각할 때 마음이 불편하다면 먼저 시간을 들여 '자기애'에 대한 느낌을 키우고, 자신이 돈과 어떠한 관계에 있는지 느껴보라. 또 자신과 관련된 모든 관계와 화해해 마음이 편해질 때까지 여유 있게 기다려라.

우선 돈에 대해 어떻게 생각하며 살아왔는지 돌아보라. 돈을 받고 열심히 일하는 것을 하나로 묶어서 생각하는 사람이 많다. 즉, 돈이란 어떻게든 '고생해서' 버는 것이라는 고정관념이 만연해 있다. 따라서 돈을 비롯해 그 밖의 풍요로움을 고려했을 때, 생활에 치명적인 변화가 없을지 고민해보는 것이 좋다.

현재 돈에 대해 생각했을 때 마음이 불편한가? 그렇다면 돈에 대해 묶여 있는 자신의 생각들로 인해 에너지가 흐르지 못한다는 것을 의미한다. 그러므로 '느끼기 연습'을 통해 갇힌 에너지의 물꼬를 열어주도록 해야 한다. 그리고 인내심을 가지고 상황을 받아들여라. '모 아니면 도'라는 식으로 접근하지 말고, 한 발짝씩 나아갈 때마다 성취한 것에 대해 기뻐하고 감사하라. 이와 더불어 '지지 모임'을 통해 지속적으로 자기애를 확인하고 키워나간다.

또 '지혜의 영'은 사람들이 '지혜의 영'의 사랑과 가르침에 마음의 문을 열 때마다 기꺼이 도와주려 하고, 늘 우리 편이라는 점을 기억하라.

우리의 의식세계는 스펀지와 같아서 곁에 무엇이 있든 순식간에 다 흡수해버린다.

우리는 텔레비전, 라디오, 신문, 잡지, 영화, 비디오, 영업사원, 사장, 가족과 친지, 친구들로부터 삶에 큰 영향을 받는다. 이러한 매체와 사람들은 우리가 어떻게 생각하고 행동해야 하는지에 대해 많은 정보를 준다. 그리고 자신이 바라는 삶에 대한 선택을 스스로 내리려 하지 않을 때, 우리는 무의식중에 다른 사람들이 내리는 결정과 그들이 전달하는 정보를 따라가려고 한다.

이처럼 맹목적으로 따라가지 않으려면 주변 상황에 상관없이 '자기애,' 평화, 기쁨을 느끼려는 의지를 확실히 잡고 있어야 한다. 그리고 불편함을 느낄 때마다 '느끼기 연습'을 하라. 우리의 의식세계에서 삶을 최상의 상태로 유지시킬 수 있는 사람은 바로 자기 자신이기 때문이다. 그 선택은 항상 우리에게 달려 있다. 우리가 그 선택을 회피할 때, 다른 사람들이 대신 선택해주는 것이다.

모든 것을 있는 그대로 완벽하게 보겠다는 의지를 기르고 모든 것을 흡수해 스펀지를 가득 채워라. 그리고 그 스펀지가 당신의 영적 본질의 평화롭고 기쁜 에너지로 넘치게 하라.

질문:

주변에 신문이나 TV와 같은 언론 매체가 부정적인 뉴스를 보도하는 것이 싫어 멀리한다는 사람들이 있다. 위 이야기도 신문을 읽거나 뉴스 듣는 것을 지양하라는 말인가?

답변:

우선 '부정적'이라는 것은 존재하지 않는다. 자신의 오랜 생각과 다르다는 이유로 무언가를 '부정적이다' 혹은 '안 좋다'라고 해석할 뿐이다. 나는 나의 판단을 깨어 있는 의식으로 바라보기 위해 신문과 TV를 활용한다. 그러고 나서 내가 그동안 판단했던 사람들이나 상황에 쏟아 부은 '힘'을 되찾기 위해 '느끼기 연습'을 한다.

언론 매체를 활용하는 또 다른 방법은 사랑과 지지의 손길을 기다리는 사람들의 소식을 접하고 연민을 느끼는 것이다. 불쌍한 사람들에게 연민을 느끼면 자기 자신과 모든 사람에 대해 느끼는 사랑의 폭도 커지게 마련이다.

겉으로 보이는 모습을 초월하여 자신의 영적 본질이 같은 지구촌에 사는 사람들의 영적 본질과 만나기를 바라는 마음은 그 자체만으로도 자기 자신에게, 그리고 당신이 다가가는 사람들에게 큰 힘이 된다. 우리는 모두 하나로 연결되어 있기 때문이다. 그리고 사랑이라는 우리의 선물은 받는 사람이 의식적으로 느끼지 못한다 하더라도 항상 소중한 것이다.

우주에는 매순간 완전한 안전함이 존재한다. 다른 사람들에게 무조건적인 사랑과 지지를 보내거나 또는 자신이 다른 사람들에게서 무조건적인 사랑과 지지를 받을 때, 우리는 안전함을 느낀다. 다른 말로 표현하면, 자신의 영적 본질과 다른 사람들의 영적 본질이 소통할 때 '안전함'을 느낀다.

실제로 우리는 자기 자신이나 우주를 구하기 위해 특별한 행동을 할 필요가 없다. 또 긴박한 마음에서 나오는 행동은 긴박감을 증폭시키기만 할 뿐이다. 따라서 우주의 무조건적인 사랑을 느낄 때, 비로소 모든 사람에게 진정으로 도움이 되는 방식으로 자신을 전적으로 자유롭게 표현할 수 있다.

개인들의 영적 본질과 우주에 존재하는 다른 모든 것의 영적 본질은 영원히 죽지 않는다. 이 진리를 받아들이는 순간, 더 이상 예상치 못한 고통이나 공포로 불안해하지 않을 것이다.

영적 본질은 고통이나 죽음을 경험하지 않기에 우리는 자유롭게 자신의 모습을 있는 그대로 표현하고 영원히 기쁨으로 가득한 삶을 살 수 있다. 마음의 준비만 된다면 이러한 삶을 바로 시작할 수 있다.

질문:

자신이나 우주를 구하기 위해 어떠한 행동도 할 필요가 없다는 말은 환경단체, 인권 및 동물 권익 단체의 반발을 살 수도 있을 것 같다. 우리가 어떤 사람이나 사물도 구할 필요가 없다는 개념에 대해 자세히 설명해 달라.

답변:

질문자가 언급한 단체에서는 환경, 인간, 동물에 대한 사랑의 힘으로 활동을 전개한다. 그리고 그러한 활동이 사랑을 표현할 수 있을 때 가장 큰 열매를 맺는다.

이런 단체에서 활동하는 사람들 중에 다른 인간, 동물, 환경에 해를 가하는 부류를 '나쁜 사람들' 로 구분해버리는 이들이 있다. 충분히 그럴 수는 있겠지만, 그런 이들은 핵심을 놓치고 있다. 기억하라! 우리가 누군가를 판단할 때, 그 주변의 에너지는 꽉 막혀 흐르지 못하고 결과는 기대와 어긋나게 된다.

따라서 우리의 판단 때문에 기를 펴지 못하는 사랑이라는 에너지를 자유롭게 하고 우리가 사랑을 주지 않으려 하는 사람들에게 우리의 사랑이 마음으로 전달되게 하려면, 반드시 판단을 버려야 한다. 즉, 상황에 대한 인간적인 생각을 버리고 그 대신 상황 속의 '영적 본질'에 대해 사랑을 느끼면 되는 것이다.

환경이나 인간에게 해를 가한다는 개념은 인간이 만들어낸 '착각'일 수도 있다. 그러므로 이 사실과 인간의 '영적 본질'이야말로 진정한 것임을 받아들일 때, 더욱 참된 진리를 얻을 수 있다. 예를 들어 현대인들이 주변에 만연한 '해로운 것'에 대해 염려하여 만들어낸 '해롭다'라는 개념을 초월할 수 있다면 모든 것과 조화를 이루며 사랑의 기운을 퍼뜨릴 수 있을 것이다.

우리가 사는 우주에서 유일하게 모든 것을 치유할 수 있는 힘은 바로 사랑이다. 어떤 상황에서는 모든 사람에게 사랑을 느끼고자 하면 그것이 기적을 낳을 것이고, 기적은 지금보다 더욱 빈번하게 나타날 것이다.

제37장 조용함, 조화, 리듬

우주에는 기본적인 리듬이 있고, 모든 사람들에게는 그 우주의 리듬과 자연스럽게 조화되는 리듬이 있다. 걷고, 말하고, 먹고, 골프나 테니스를 칠 때도 리듬이 있다. 또 우리가 다른 것에 공감할 때도 알게 모르게 리듬이 살아 있다. 삶 속에서 이러한 리듬을 듣고 느끼며 따라갈 때, 인생의 달콤함이 진하게 다가온다. 단, 이러한 리듬을 듣고 느끼려면 소음을 죽이고 조용히 있어야 한다.

이러한 리듬의 저변에는 우주의 '지혜의 영'이 자리하고 있기 때문이다. 리듬에 민감해질수록 늘 우리가 다가와 도움을 요청하기를 바라는 '지혜의 영'이 전하는 안내를 파악할 수 있다.

'착각'으로 가득한 이 세상에는 자연스럽고, 간단하며, 쉬운 것들에 대해서는 늘 그렇듯이 별 것 아니라는 생각이 만연하다. 그래서 주변의 소음이 너무 심해 리듬을 듣거나 느낄 수 없다. 하지만 마음만 먹으면 이런 기본적인 리듬을 듣고 느끼기 위해 충분히 '조용한 분위기'를 만들 수도 있다. 어떻게 하면 조용할 수 있을까? 주변의 리듬에 더욱 민감해지면 된다. 이를 통해 평화로운 환경을 만들 수 있고, 이는 곧 행복한 삶으로 이어진다. 그 결과 우주에 늘 존재하는 위대한 조화에 대해서도 깊은 경외심이 생겨날 것이다.

명상에 대하여

실제로 존재하는 것과 착각 속의 것을 어떻게 구분할 수 있을까? 가장 확실한 방법은 명상을 하는 것이다. 명상이란 자기 자신과 만나고 우주의 '지혜의 영'과 만나기 위해 조용한 시간을 할애하는 것을 말한다. 또 명상이란 다른 사람들의 영적 본질과의 만남을 느끼기 위한 시간이다.

명상은 우리를 평화로움과 기쁨의 상태로 인도한다. 우리는 평화로움과 조화 속에서만 진정으로 자신을 있는 그대로 표현할 수 있다. 우주가 주는 모든 것은 우리에게 완벽한 것이고 꼭 필요한 것이라는 진리를 마음으로 알 때, 그리고 우주가 주는 것을 받기 위해 간절히 기다릴 때 우리는 평화와 기쁨을 느낀다.

또 명상은 모든 사람들을 연결하고 도와주는 우주의 에너지, 즉 사랑을 무한하게 쏟아 부어주는 힘을 받게 해준다. 공포, 불안과 같은 여러 감정을 느끼는 원인은 단 하나이다. 바로 우리 자신과 다른 사람들로부터 사랑이 퍼져 나가지 못하고 막혀 있기 때문이

다. 그러나 명상을 통해 평화와 기쁨을 느끼면 우주의 사랑에 마음
의 문을 열 수 있어 우주의 사랑이 당신의 내면에, 그리고 모든 것
과 모든 사람의 내면에 자유롭게 흘러 다니게 된다.

제38장

기쁨의 발견

기쁨은 우리의 영적 본질의 일부로, 충분히 다가갈 수 있는 내면 깊은 곳에 있는 감정이다. 사람들은 모두 기쁨에 대한 갈망이 있고, 남들과 기쁘게 소통하고자 하는 열망도 크다.

그러나 대부분의 사람들은 자신의 판단으로 감정을 억누르며 기쁨이라는 감정을 묻고 살아왔다. 하지만 기쁨을 발견하고, 그 기쁨이 내면을 채우고도 남을 때까지 자신의 판단과 억눌린 감정을 벗겨내어야 한다.

그렇다면 기쁨은 어떻게 찾는가? 판단과 억눌린 감정을 벗겨내면 된다. 각자 마음으로 여정을 떠나보면 어떨까? 남이 자신을 대신해서 해줄 수 있는 것이 아니기 때문이다. 물론 이 벗겨내는 여정 중에 다른 사람에게서 정신적 지지는 받을 수 있을 것이다.

이 책에 언급된 법칙들은 우리가 느끼는 기쁨이 진정한 기쁨이라는 진리를 받아들이기 위한 설명서이다. 단, 우리가 마음의 문을 열고 그 법칙의 효력을 느끼려 할 때 비로소 이 법칙들의 진리를 깨달을 수 있다. 이 법칙들을 마음으로 느끼고 만나려 하면 내면의 기쁨을 발산하고, 그 기쁨이 우리 삶에서 커지도록 할 수 있다.

확실히 기억할 것이 있다. 기쁨이란 항상 우리 안에, 다른 모든 사람 안에 존재한다는 것이다. 그리고 다음을 자문해보자. 삶의 질을 좌우하는 중요한 질문들이다.

1. 기쁨이라는 감정이 실제로 존재하는 것이라는 진리를 받아들이려 노력하는가?
2. 우리 내면의 기쁨을 발산하려고 하는가?
3. 기쁨을 발산하는 과정에서 유일한 걸림돌은 마음을 닫고 자신을 있는 그대로 사랑하려 하지 않는 것이라는 사실을 얼마나 받아들이는가? 모든 사람과 모든 것에 대한 사랑을 느끼기 위해 마음의 문을 열어야 한다는 진리를 받아들이는가?

쉽게 기쁨을 느끼려면 지속적으로 '느끼기 연습'을 하면 된다. 내면의 기쁨을 느끼고 만날수록 기쁨은 강하게 느껴지기 때문이다.

다시 말해, 진정한 기쁨의 삶을 추구한다면 우선 우리의 영적 본질인 기쁨과 만나고자 해야 한다. 기억하라. 목적과 수단은 같은 방향이고 동일한 것이다. 따라서 기쁨을 성취하려면 매순간 우리 내면의 기쁨을 느끼고 표현해야 한다.

쉬는 시간이 돌아온 것 같다. 다음에는 우리의 삶에 우주의 법칙을 적용하는 매우 효과적인 방법의 하나인 '지지 모임'에 대해 알아보겠다.

제7부

지지 모임에 대하여

인간은 무조건적인 사랑을 주고받고자 하는 기본적인 갈망이 있다. 인간은 또한 서로 사랑하고자 하는 본능이 있다.

그러나 한편으로 인간은 세상에 태어난 후 적자생존의 경험을 통해 자기 자신과 타인에게 마음의 문을 닫고 감정을 드러내지 않는 법을 배운다. 또한 뒤처지거나, 부족하거나, 고통 받는 삶을 어떻게든 피해야겠다는 생각에 서로 경계하며 경쟁한다. 그 결과, 개인뿐만 아니라 사회적으로도 감당해야 하는 고통과 무력감이 더해 갔다.

그러나 이제는 간절히 우리의 진정한 자아와 다시 만나고자 하는 사람들이 늘고 있다. 우리 본연의 강력한 모습과 만나고 다른 사람들도 그들의 강력한 자아를 다시 만나도록 도와주려는 것이다. 이처럼 우리 자신과 다시 소통하면 우리에게 내재된 '힘' 의 원천인 '일치'와 소통할 수 있다.

지지 모임의 가치는 무조건적인 사랑과 지지의 마음을 실천할 안전하고 자연스러운 환경을 제공하는 데 있다. 그러한 환경에서 우리의 느낌을 느끼는 것을 비롯해 본연의 힘을 되찾을 수 있기 때문이다. 또한 기쁨이 충만한 삶으로 인도하는 가치들이 바로 정직, 믿음, 맡김, 연민, 관대함, 유머, 재기발랄, 창의력, 열린 마음, 기쁨이라는 것을 마음으로 받아들일 수 있다.

전 세계적으로 여러 도시와 동네에 주기적으로 만남을 이어가고 있는 지지 모임들이 있다. 각 모임은 우주의 법칙을 생활화하도록 서로 정신적 도움을 주고받아야 한다는 굳은 의지로 뭉쳐 있다.

독자들이 자신의 지역에서 지지 모임을 시작하는 데 실질적으로 도움이 될 자료도 있다(주석:《마음의 여정(The Journey)》초판과 내용이 연결되도록 편집한《상호 지지 모임에 대한 핸드북(Mutual Support Group Handbook)》개정판을 참조하라. http://www.arnoldpatent.com 에서 내려 받기와 인쇄가 가능하다). 최소 인원 두 명과 사람들의 의지, 자기애만 있다면 지지 모임을 시작할 수 있다.

제40장 지지 모임을 위한 지침

지지 모임에 참여하고자 하는 사람들은 다음의 지침을 참조하고 주기적으로 읽어보기 바란다. 각 모임에서 변경하고자 하는 내용이 있으면 모임 도중에 변경하지 말고 반드시 모임을 시작하기 전에 변경하라.

1. 지지 모임의 의도를 이해한다. 지지 모임의 의도는 무조건적인 사랑과 지지를 실천하는 분위기를 연출하고, 본연의 힘을 되찾는 작업에서 서로 도우며, 자기 자신에 대한 신뢰와 서로에 대한 신뢰 및 일치의 힘에 대한 신뢰의 폭을 넓히는 것이다.

2. 모임 내에서 토론이나 충고를 하는 행위는 삼간다. 이 점은 가장 중요한 내용임에도 간과될 때가 많다. 꼭 기억하라. 지지 모임은 각자 자신의 고민과 해결책을 생각해낼 수 있도록 힘을 실어주기 위해 서로 정신적인 지지를 주고받는 것이다.

3. (보통 1시간에서 2시간 사이로) 모임의 시작 시간과 길이를 사전에 정해놓고, 반드시 준수한다.

4. 모임 장소가 사무실이나 센터와 같은 외부 시설이 아니라면 모임 장소를 바꾼다.

5. 모임에 늦거나 불참하는 구성원은 반드시 사전에 알린다.

6. 교대로 모임을 주관한다.

7. 모든 참가자가 순서와 방식에 완전히 익숙해질 때까지 '지지 모임 방식'을 따르도록 한다. 그 후로는 참가자들의 의견을 수렴해 바꾸어도 무방하다.

8. 모임에서 언급되는 사생활에 대해서는 비밀을 지킨다.

9. 모임을 시작하기 전에 새로운 참가자와 방문자가 지켜야 할 사항, 모임의 지침에 대해 알려준다.

10. 참가자들이 모임의 지침을 준수하지 않으면 사랑하는 마음으로 친절하게 모임의 목적을 상기시켜 모임의 의도를 흐리지 않도록 한다.

두세 명이 하나의 모임을 구성하려 할 때 참가자들이 가장 중요시해야 하는 것은 바로 모임의 목적을 정하는 것이다. 각자 인생의 목적이 삶을 이어가는 원동력이 되듯이 모임의 목적도 모임을 이어가는 원동력이 된다.

그러나 모임의 목적을 정의하기 전에 참가자들은 모두 우선 자신의 인생에서 목적에 대한 영감을 느껴야 한다. 각자가 느끼는 인생에 대한 영감에서 에너지가 흘러나오며, 바로 이 에너지가 모임의 목적을 형성해나가는 근간이 된다.

다시 말해 모임의 목적은 개별 인생의 목적이 뚜렷해야 빛을 발할 수 있는 것이다. 참가자들이 각자 자신의 인생의 목적을 분명하게 인식하고 있을 때 모임의 목적이 제대로 정의된다.

모임의 목적을 정하기 전에 각 참가자는 짧게 명상을 해서 마음

상태가 기쁨과 하나 됨을 느끼도록 한다. 그러고 나서 '사랑, 기쁨, 평화, 의지, 힘, 조화, 믿음, 재미, 일치' 중에서 한 단어를 선택하고, 이 단어에 대한 자신의 느낌을 표현할 수 있는 한 단어를 택한다. 각자 자신이 느끼는 단어를 표현하고 나면, 모든 참가자의 느낌을 반영하도록 이 단어들을 모아 한 문장으로 표현해본다. 즉, 모임의 목적을 다음과 같이 문장으로 표현할 수 있다.

- 우리는 평화, 기쁨, 조화를 표현하고자 한다.
- 우리의 목적은 사랑과 웃음을 키워나가는 것이다.
- 우리는 전능한 진리, 전능한 힘의 원리에 마음의 문을 연다.

개인의 목적을 정할 때와 마찬가지로 모임의 목적도 어떻게 '말'로 표현하는지가 아니라 전적으로 어떻게 '느끼는지'가 중요하다. 느낌이 쌓여 말로 표현되므로, 어떤 단어를 의식의 세계, 즉 영적인 세계로 불러 들여올 때 참가자들은 모임의 목적을 마음으로 느끼면 된다.

물론 첫 모임에서 모임의 목적을 한 문장으로 표현해야 할 필요는 없다. 하지만 그렇더라도 모든 참가자가 마음으로 어떤 영감을 느끼고 모임의 목적에 공감하는 시점에서는 이후 모임을 진행할 때마다 모임의 목적을 한 문장으로 표현해야 한다. 각 참가자의 영혼에 다가가 정신적 영감을 불어넣자는 목적을 세워보는 것은 어떨까? 성공적인 모임으로 향하는 길이 될 것이다.

우주의 법칙과 관련된 영적인 용어를 이용하여 모임의 목적을 정의하는 것은 그 자체로 우주의 힘에 한 걸음 다가가는 것이다. 모임이 우주와 같은 편에 서 있다는 것만으로도 모임에서 생겨나는 힘은 엄청나게 커져나간다. 각 참가자는 이러한 힘을 느낄 뿐만 아니라 이러한 힘이 주는 자신감과 확신을 마음으로 느낀다.

모임에 새로운 참가자가 합류하고자 하면 그들이 모임의 목적에 일조할 기회를 주도록 한다. 또 주기적으로 '우리가 왜 모이는가?'에 대한 내용을 상기하여 모든 참가자가 지속적으로 모임에서 받은 영감을 기억하도록 한다.

기존의 모임에서 모임의 목적 정의하기

앞서 언급한 권고안은 이제 막 형성되려는 모임에 적용할 수 있는 것이다. 결혼 관계나 파트너십, 사회 모임, 업무 등 그 밖에 사람과 사람이 만나는 모임에서 목적을 찾고자 한다면 접근법은 좀 달라질 것이다.

모임에서 어떤 형태로든 불편함이 느껴진다면 우선 자신이 모임과 어떤 관계를 맺고 있는지 돌아보고, 관계와 화해한다. 모임에 불편함을 느낀다는 것은 모임의 목적이 제대로 정의되지 않았거나(혹은 영적인 차원에서 정의하지 못했거나), 한 명 이상의 참가자가 모임의 목적에 마음을 모으지 않고 있다는 것이다. 어떠한 경우든 자신을 있는 그대로 사랑할 때까지 '느끼기 연습'의 세 단계를 실천하라. 자기 자신에 대한 사랑을 느낄 때까지 다른 사람을 사랑할 수는 없다는 점을 기억하라.

그러고 나서 모임의 다른 참가자들에 대한 모든 판단을 버린다. 남에 대한 판단은 내면에 있는 사랑의 에너지가 밖으로 나가지 못하게 한다. 따라서 자신이 남에 대해 어떤 판단을 하고 있다는 것을 깨달으면 그 판단을 버리고 용서하려고 노력한다. 그리고 모든 판단이 사라질 때까지 매일 용서하는 마음을 키워나간다. 다른 사람에 대해 무조건적인 사랑을 느낀다면, 과거에 자신이 무의식적으로 사랑을 전하지 않았던 내면의 일부를 이제는 사랑하고 있다는 반증이다.

이때 조급해서는 안 된다. 인내심 있게 충분한 시간을 두고 과거의 관계와 화해한다. 그러면 비로소 목적을 정할 준비가 되어 있다는 의미이다. 이 시점에서는 이 장의 도입부에 소개된 모임의 목적을 정의하는 단계를 따른다.

모든 모임은 완벽한 지지 모임으로 거듭날 수 있다. 비록 모임에서 다른 참가자들을 있는 그대로 바라보려는 사람이 자기 자신밖에 없더라도 모임의 에너지에 물꼬를 틔우기에 충분하다.

물론 최대한 많은 참가자가 다른 이들에게 무조건적인 사랑과 지지를 표현한다면 더할 나위 없이 좋을 것이다. 단, 여기서 '표현'이라는 것은 단지 겉으로 드러나는 행동만 가리키는 것은 아니다. 무조건적인 사랑과 지지가 겉으로 표현될 수는 있겠지만, 돈이나 그 밖의 물질적 보답을 하거나, 같이 시간을 따로 보내거나, 같이 무언가를 해야 한다는 의무감을 버려라. 표현을 비롯한 모든 '행동'은 정신적 차원의 것이다. 서로 정신적으로 사랑하고 지지할 때, 사랑과 지지는 일상의 경험에 반영되기 마련이다.

모임의 목적을 정의하고 재정의하는 것은 모든 모임에서 매우 의미 있는 활동에 속한다. 주기적으로 목적을 상기하고 재정의하면 모임이 성공적으로 전개될 뿐만 아니라 모임 내에서의 활동을 초월해 참가자들이 각자의 삶에서 성공의 단맛을 느낄 수 있다.

다음에 나오는 여러 가지 연습 내용은 십 년에 걸쳐 만들어진 것으로, 지지 모임에서 모임의 의도를 충족시키는 데 도움이 되도록 활용하기 위한 것이다.

기도

매번 모임을 시작할 때, 자발적으로 참가자 한 명이 대표로 기도문을 읽는다. 기도문의 목적은 각 참가자가 항상 가까이에 두고 보면서 의식적으로 서로 지지해줄 수 있도록 상기시키는 것이어야 한다. 또한 모든 참가자가 하나임을 느끼는 '일치' 와 소통하는 내용이어야 한다.

참가자들이 원한다면 기도문을 바꿔도 무방하다. 단, 참가자 전원이 바뀐 내용을 더 편안하게 받아들여야 한다.

기도문

'지혜의 영' 인 신을 비롯한 우주의 모든 이의 지지를 간구합니다.

우리의 의식이 깨어 있고

우리가 마음을 열도록 도와주며,

우리가 자신에 대한 진리를 경험할 수 있게 서로 정신적으로 지지하도록 영감과 힘을 주옵소서.

우리는 언제 어느 때이든 우주의 모든 사람과 모든 것과 소통하고 있다는 것을 깨어 있는 의식을 통해 받아들일 수 있도록 지지를 구하나이다.

이 모든 것을 통해 '우리는 하나' 임을 마음으로 느끼며 말할 수 있도록 해주시옵소서.

평화의 힘

'평화 연습' 은 일회성 활동이 아니다. 이제부터 당신의 삶에 대한 지침이 될 것이다. 이 연습은 그동안 스스로 받아들이지 못했던 자신의 어떤 부분들에 대해 사랑을 느끼는 방법을 제시한다. 비유하자면, 우리가 사는 지구가 절대적인 기쁨과 조화를 향해 나아가는 길에 '레드 카펫' 을 깔아놓는 것과 같다. 강조하건대, 자신을 어느 순간에든 항상 전적으로, 무조건적으로 사랑한다면 **내부에서 기쁨이 쉬지 않고 빠르게 진동할 것이기 때문이다.** 그리고 그 기쁨의 힘은 우리의 사랑과 생각이 누구를 향해 있든, 어디에 있든 의식에 빛을 밝혀준다.

'평화 연습'을 시작하기 전에 상기해야 할 것이 두 가지 있다.

첫째는 **어떤 상황이나 누군가가** 마음에 들지 않아 바꾸고자 하는 마음이 있다면, 당신 내면에 '평화의 힘'을 경험할 기회가 생겼다는 것이다.

둘째는 자기 정당화에 대한 것이다. 자기 자신이나 다른 사람에 대해 정당화해야 한다는 마음이 느껴질 때 역시 내면이 자기 자신에게 '자, 이제 평화의 힘을 실천해야겠다.'라는 메시지를 보내고 있는 것이다.

확실히 짚고 넘어가야 하는 것이 있다. '변화'와 '정당화'란 나쁜 것이 아니다. 바꾸거나 정당화하려는 마음도 나쁘지 않다. 이 두 가지는 당신의 내면에서 **평화의 힘을 십분 발휘**하는 데 도움을 주기 위해 당신의 경험 속으로 들어오는 것이다.

평화 연습

무조건적인 신뢰를 받아 내 안에 우주가 있고
나 자신을 유일한 존재로 바라보고 있다.
내면의 가장 깊은 곳에서
나는 지금 있는 그대로의 나 자신의 힘을 느낀다.
나는 지금 있는 그대로의 나 자신의 힘을
발휘하고자 하는 의지가 있고 준비가 되어 있다.

나는 나에게 내재된 힘의 온화함을 느끼고,

나의 힘이 평화의 힘이라는 진리에 확신을 느낀다.

나는 나의 자아에 대해 확신을 느끼기에

절대적이고 무조건적인 사랑만을 표현한다.

나는 내 존재의 완전함,

무한한 다양성을 느낀다.

나는 내 안에 있는 지혜의 영이 주는 무조건적인 사랑의

따사함과 평화로움을 느낀다.

그리고 내면의 가장 깊은 곳에서

이 순간 내적 자아의 힘에 모든 것을 맡긴다.

나의 모든 것에 대해 내가 무조건적으로 사랑할 것을 전적으로 믿으며,

내가 보는 모든 것이 이러한 힘을 표현하고 경험하는 것임을 인정한다.

'느끼기 연습'

'느끼기 연습'은 지지 모임에서 다양한 방식으로 활용할 수 있다. 그룹 참가자들이 조용히 '느끼기 연습'을 하거나, 한 명이 느끼기 연습을 주관하는 동안 다른 참가자들이 정신적으로 사랑 어린 지지를 보낼 수 있을 것이다. 후자의 경우, 주관하는 역할은 교대로 하는 것이 바람직하다. 혹은 한 명이 어떤 강렬한 느낌을 경

험하는 중이라면, 다음과 같은 '느끼기 연습'을 통해 모임 참가자들의 정신적 지지를 구할 수 있을 것이다.

눈을 감고 몸의 상태를 느낀다. 지금 이 순간 자신의 몸에 어떤 느낌들이 있는지 관찰한다.

1. 머리를 스치는 생각에 대해 편한 느낌을 느껴본다. 그 느낌 속에 있는 에너지와 힘을 느낀다.
2. 느낌을 있는 그대로 느낀다. 그 느낌 속에서 느껴지는 힘에 대해 사랑하는 마음을 느낀다.
3. 그 느낌 자체를 느끼고, 느낌 속에 내재된 힘을 느끼는 자신에 대해 사랑하는 마음을 느낀다.

주의할 점 - 사회적으로 '사랑'이라는 단어를 잘못 사용하는 경향이 짙은 나머지, 특히 어릴 때 학대받은 경험이 있는 사람들은 '사랑'이라는 말에 거부감부터 느낄 수 있다. 따라서 타인을 위해 이 연습을 지도할 때는 자신의 직관을 따르도록 한다. 예를 들면 굳이 '사랑'을 사용하지 않고 '연민'이나 '마음으로 받아들이기'라는 말로 대체할 수 있다.

'자아 힘 돋우기 연습'

지지 모임에서 누군가가 어떤 상황 때문에 강렬한 느낌을 받고 있어서 '느끼기 연습' 이상의 도움이 필요하다고 느낄 때는 다른 참가자 한 명이 다음의 11단계 연습을 통해 정신적으로 온화하게 인도해주자. 이때 다른 참가자들은 무조건적인 사랑의 마음으로 경청하면서 정신적 지지를 모아줄 수 있다.

(모임의 주관자가 하거나 하지 않을 수도 있겠지만) 연습을 주관하기로 한 다른 한 명의 참가자는 다음의 내용을 한 문장씩 읽는다. 강렬한 느낌을 경험하는 주인공이 각 문장에 반응할 수 있도록 한 단계마다 충분한 시간 여유를 둔다.

1. 자신이 경험하고 있는 상황을 간단하게 묘사해보세요.

2. 눈을 감고, 이 상황과 자신의 관계에 대해 어떤 느낌을 느끼는지 의식을 집중해보세요. …… 그 느낌을 느낄 수 있나요? …… 그 느낌 안의 에너지와 진동을 느낄 수 있나요?

3. 그 느낌에 안주하고, 지금 느낌 그대로 있고 싶은가요?

4. 그 느낌에 대해 사랑(혹은 연민)을 느낄 수 있나요? 그 느낌을 느끼는 과정에서 정신적 지지를 받고자 하나요? 정신적 지지가 다가오는 것을 느낄 수 있나요?

5. 지금 이 순간 자신이 처한 상황의 목적은 이해하지 못하더라도, 이 상황의 의도를 받아들일 마음의 준비가 되어 있나요?

6. 지금 상황이 나쁘거나 좋지 않다고 해석하려는 마음을
버릴 의향이 있나요?

7. 이 상황에 다른 사람이 관여한다면, 그것은 당신 본연
의 힘을 되찾기 위해, 그리고 다른 사람의 지지를 얻기
위한 것이라는 사실을 받아들일 수 있나요?

8. 현재 있는 그대로의 상황이 완벽한 상황이라는 사실을
알고 느낄 수 있나요?

9. 자기 본연의 모습, 즉 영적으로 본질적인 모습을 느껴
보세요. 이러한 사랑의 영적 본질에 관계된 모든 이의
영적 본질과 연관지어 보세요.

10. 마음을 열고 이러한 사랑의 느낌이 커지도록 해보세
요. …… 사랑이 충분히 커졌을 때, 지금의 상황을 포
용하고 자신을 포함한 상황에 관계된 모든 이를 포용하
세요.

11. 이러한 사랑을 느끼는 자신에게 사랑을 느껴보세요.
그리고 이 사랑 안에 있는 모든 힘에 대한 사랑을 느껴
보세요 …… 그리고 이 힘을 자신의 힘으로 느껴보세요.

주의할 점 – 강렬한 감정을 느끼는 주인공이 이 중 어느 단계에
서 힘들어하면 일단 그 느낌에 머물도록 제안한다. 그리고 그 느낌
에 대한 사랑을 느끼도록 전해지는 정신적 지지에 마음을 열어두

고 나중에 이 연습을 다시 해보도록 권한다.

이 연습은 억눌린 느낌의 에너지가 틔워지도록 하는 연습이다. 에너지가 너무나 오랫동안 억눌려진 상태라면 이 연습을 할 때 인내가 필요하다. 그러나 당사자가 이 연습을 하고자 하는 의지가 있다면 이미 절반은 성공한 것이다. 기억하라. 에너지는 퍼져 나가고자 하는 습성이 있으며, 에너지가 퍼지도록 곳곳에서 정신적 지지를 아끼지 않는다는 것을.

'장점 발견하기 연습'

이 연습을 진행할 때는 한 번에 한 명에게 집중하고, 번갈아가며 한다. 각 참가자는 주인공의 눈을 보고 이렇게 말한다. "내가 보는 ~ 님/씨의 장점은 ~." 이때는 즉각적으로 떠오르는 '친절함, 활기참, 지혜, 재기발랄' 과 같은 단어로 문장을 완성한다. 그러면 주인공은 "감사합니다."라고 말하고, 다른 모든 참가자가 일대일로 장점을 이야기할 기회를 준다.

주의할 점 - 각 주인공에게 공통적으로 몇 분의 시간을 배정해 칭찬을 듣고 음미하게 하고, 다음 주인공으로 넘어가기 전에 이러한 애정 어린 단어의 영향력을 느끼도록 한다.

'장점 발견하기 연습의 변형'

전체 인원이 참여하고 모두 돌아가면서 할 시간이 없다면, 각 참가자는 자기 왼쪽에 있는 사람의 '장점을 발견'하고 시계 방향으로 계속해서 연습을 전개할 수 있다. 아니면 한 사람에 대해 한 가지 장점만 언급해 시간을 줄일 수도 있다.

정신적 지지 구하기

인생의 게임은 의식의 세계, 즉 영적인 세계에서 펼쳐진다. 그리고 우리의 의식은 자신의 생각에 방해받지 않을 때 '지혜의 영'을 표현할 수 있다. 그러므로 '지혜의 영'에게 정신적 지지를 요청하면 내면에서 무조건적인 사랑을 발휘할 수 있게 된다. 이처럼 간구하는 행위는 '우주의 법칙'의 관점에서 요청하는 것이다.

예를 들어 제때 카드값을 지불할 금전적 여력이 없다면 다음과 같은 영적인 간구를 할 수 있을 것이다.

'부족한 상황에 대한 느낌을 느끼고, 나의 본연의 풍요로움을 기억하며, 내가 가진 모든 것에 감사를 느끼도록 영적인 지지를 간청합니다.'

육체적 혹은 정신적 고통을 받고 있는 사람들은 다음과 같은 간구를 할 수 있을 것이다.

'나의 느낌을 온전히 느끼고, 나의 느낌에 대한 사랑을 느

끼며, 있는 그대로의 내 모습에 사랑을 느끼도록 정신적 지지를 간구합니다.'

가족 관계 혹은 직장에서의 대인 관계로 갈등하는 사람이라면 이렇게 간구할 수 있을 것이다.

'이 사람과 나 자신에 대한 용서를 느끼고, 우리가 일치에 다가가도록 정신적 지지를 간구합니다.'

조용한 명상 속에서 정신적 지지를 간구하는 것도 도움이 되지만, 지지 모임에서 함께 간구하거나 무조건적인 사랑과 정신적 지지를 제공하고자 하는 한 명 이상의 지지 모임에서 간구할 때 더 큰 힘을 받을 수 있다. 또 '긍정'을 의미하는 단어로 간구할 때도 더 큰 힘이 실린다.

정신적 지지를 간구할 때는 자신의 목소리를 주의 깊게 들어본다. 자신의 간구가 얼마나 간절한지 음미한다. 비록 100% 간절하지는 않더라도 간구하는 바가 실현되기를 바란다면, 다음 번 지지 모임에 참여했을 때 다시 한 번 함께 간구해줄 것을 요청해본다. 100% 간절한 마음이 생기고 이러한 마음이 모임 참가자들에게 전해질 때까지 계속해서 간구한다.

이렇게 다른 사람들에게 영적인 지지를 구하는 것은 그야말로 자신의 의식 세계를 넓히고 삶을 변화시키는 데 가장 쉽고 강력하며 즐거운 방법이다. 이와 같은 연습이 당신 일상의 일부가 되기를 바란다.

사랑의 확인

지지 모임의 묘미는 직접적으로 사랑과 정신적 지지를 표현하거나 보낼 때 그것을 확인시켜주는 것이다. 하지만 말보다는 마음으로 느끼도록 확인시키는 것이 중요하다.

모임 참가자 한 명이 모임에서 자신의 삶의 목적을 말하거나 정신적 지지를 간구하고 나면, 다른 참가자들이 그 사람에게 눈과 마음과 손을 통해 사랑의 에너지를 보내 사랑을 확인시켜준다. '지지 모임 순서'에서 제안하는 대로 서로 의견을 모아 정신적 지지에 대한 내용의 선언문을 만들 수도 있다.

제43장 지지 모임 순서

1. 간단히 자기소개를 하고 나서 모임의 주관자를 정하거나 번
   갈아가며 주관자가 되기로 한다.

2. 손을 잡고 눈을 감은 채로 마음의 평정을 찾으며 '느낌에 의
   식을 집중시키면서' 모임 안에 에너지를 모은다.

3. 기도문을 읽고, 원한다면 '평화의 힘' 연습을 한다.

4. 참가자들이 '느끼기 연습' 혹은 '자아 힘 돋우기 연습'을 하
   도록 기회를 준다.

5. 참가자들이 각자의 삶의 목적을 이야기한다.
   다른 참가자들은 이렇게 말한다. "(씨/님), 나는 당신의 삶
   의 목적에 감흥을 느끼면서 당신을 사랑하고 정신적으로 지
   지합니다."

6. 모임의 목적을 이야기한다.

7. '우주의 법칙' 한두 가지를 복습한다.

8. '우주의 법칙'을 활용하거나 영적인 도움을 간구했던 사례에 대한 좋은 경험담을 나눈다.

9. 몇 분 동안 감사를 느끼고 표현한다.

다른 참가자들은 이렇게 말한다. "우리가 받은 사랑의 선물에 감사하는 마음을 느끼며 키워나갑니다."

10. '장점 발견하기 연습'을 한다.

11. 정신적인 지지를 간구한다.

다른 참가자들은 이렇게 말한다. "(　씨/님), 나는 당신의 힘과 위대함을 지금 있는 그대로 사랑하고 정신적으로 지지합니다."

12. 마무리: 손을 잡고 눈을 감은 상태로 모임의 에너지가 커지도록 한다. 참가자들은 이러한 사랑과 정신적 지지의 에너지를 보내고자 하는 사람의 이름을 조용히 의식으로 불러오거나 소리내어 말한다.

13. 다음 모임의 시간과 장소를 정하고 공지사항을 발표한다.

주의할 점 – 지지 모임에서 에너지가 계속해서 흐르도록 위 순서를 바꾸는 것도 무방하다.

제8부

더 높은
차원의 진리를
향해

창의성

창의성을 표현하는 방식이 두 가지 있다. 하나는 자신의 생각에 의존하는 방식이다. 어떤 생각을 하든 창의성은 존재하고 표현된다. 예를 들어 인생은 고생스러운 것이라고 생각한다면 창의성은 고생스러운 여러 상황을 불러올 것이다. 마찬가지로 인생은 아픔으로 가득한 것이라고 생각한다면 창의성은 아픔을 초래하는 상황만 가져올 것이다.

우리는 나름대로 여러 가지 생각을 한다. 그래서 창의성은 이러한 여러 생각이 옳다는 것을 입증하느라 바삐 움직인다. 그러나 이와 달리 상황 그 자체에 관심을 둔다면 자신의 생각 안에 어떤 것들이 있는지 확실하게 알 수 있다. 바로 이때 창의성에 날개가 달린다.

창의성을 표현하는 또 다른 방법은 '지혜의 영' 혹은 '전능한 신'의 존재가 삶을 이끌도록 내어주는 것이다. 우리 안에 있는 전지전능한 존재는 모든 기쁨, 조화, 정신적 지지, 풍요, 무조건적인 사랑을 불러 모은다.

또 '지혜의 영'은 우리가 자신이 정해놓은 생각을 버릴 때마다 쉽고 간단하게 어떠한 상황을 만들어낸다. 대개 이러한 상황은 '인간의 생각을 초월한' 영역이라고 칭한다. '지혜의 영'이 만들어내는 상황은 위대하고, 이성적 사고로는 이해할 수 없다.

우리가 늘 깨어 있는 의식으로 기억해야 할 중요한 것이 있다. 인간은 각자가 가지고 있는 훌륭한 창의성을 표현할 기회를 주는 완벽한 도구라는 점이다. 그러나 우리가 마음으로 협조하지 않으면 아름다움, 조화, 평화, 풍요로움, 무조건적인 사랑이라는 무한한 선물로 존재하는 창의성이 발현되지 못한다.

우리는 늘 선택의 기로에 선다. 과연 한계 투성이인 나만의 생각을 버릴 것인가?, 고수할 것인가? 버리기로 마음먹었다면, 이러한 생각 주변에 흐르는 에너지가 널리 퍼져 나가도록 물꼬를 터주기로 한 것이다. 그러면 에너지는 자유롭게 전파되어 우리에게 내재된 신성한 창의성으로 표현될 것이다.

비극의 이면에는 신성한 희극이 있다. 희극적 요소로 가득한 이 세상에는 전지전능한 존재들이 등장한다. 무한한 풍요로움과 기쁨, 그리고 영원한 삶이라는 푸짐한 선물을 받은 신성한 존재들이다. 그런데 그런 한편으로 무기력하고, 공포에 벌벌 떨며, 적자생존에 목숨을 걸고, 욕심이 많으며, 복수심에 불타는 존재로서 운명적으로 죽을 수밖에 없는 것처럼 보이게도 한다. 그것도 아주 교묘하게.

당신의 내면에는 무궁무진한 지혜와 창의력이 신성하게 존재한다. 한 번 모든 것을 걸고 자신의 내면의 목소리를 들어보고 싶지 않은가? 관심이 없다고 말한다면, 그것은 자기 본연의 모습을 교묘하게 숨기고 있다는 것을 뜻한다. 그것도 쉽지는 않을 텐데.

 # 변화에 대한 **착각**

사람들은 '시간'을 생각할 때 '변화'를 떠올리지만 실은 변화에 대해 오해하고 있다. 일상에서 우리는 늘 변화에 대한 강박관념과 변화하고 싶은 마음을 품고 산다. 이러한 생각 속에서 끊임없이 직장을 바꾸고, 집을 개조하고, 사귀는 사람도 바뀌간다.

하지만 누군가가 이런 예리한 지적을 했다. "변화가 많을수록 본질은 더더욱 원래 상태를 고수한다." 내용과 형태는 분명히 다른 것이며, 변화의 저변에는 큰 힘과 영향력이 존재한다는 의미이다. 즉, 겉모습은 변할 수 있지만 내용은 변하지 않는다는 말이다.

이와 같은 '변화의 법칙'을 자세히 이해하기 위해 '우주의 법칙'의 관점에서 변화를 바라보자. 무언가를 바꾸고자 하는 마음이 든다는 것은 대부분 현재의 상황에 만족하지 않다는 뜻이다. 즉, 현재의 상황으로 마음이 불편하며 머리로 상황을 판단하고 있다는 의미이다.

그러나 '변화의 법칙'에서는 이와 같은 판단을 버리라고 한다. 주관적 판단을 내리면 상황을 에워싼 에너지가 흐르지 못한 채 막혀버리고 그 상태 그대로 움직이지 못하기 때문이다. 따라서 자신이 믿고 있는 생각으로 판단을 내린다면 결코 원치 않는 상황이 펼쳐질 것이다.

그럼 상황에 불만을 느낄 경우 어떠한 선택이 자신에게 이로운 결과를 가져올까? 우선 우리에게 내재된 내적 자아는 우리 삶의 창조자이며, 우리가 만든 모든 상황에는 나름의 의도가 있다. 그리고 그 목적은 매번 동일하다. 바로 그동안 억눌러온 감정을 일깨우는 목적이다. 우리의 모든 느낌은 자유롭고자 하고, 내적 자아는 감정을 자유롭게 하는 데 도움을 준다.

우리가 상황을 이성적으로 파악하려는 마음이 있기 때문에 사면초과의 상황을 마주하는 것이다. 이처럼 상황을 머리로 이해해야 한다는 강박관념은 버려야 한다. 그런 노력은 전혀 도움이 되지 않는다. 특히 깊게 억눌린 감정에 물꼬를 틔워주려면. 그리고 특히 복잡한 상황에 대해서는 머리로 접근하는 것 자체가 아무 의미 없는 일이다.

따라서 상황에 대해 이성적 판단 기준을 두지 않도록 하라. 우리를 불편하게 하는 모든 상황 안에는 우리 본연의 '힘'이 내재해 있다. 다시 말해, 상황을 발생시킨 것도 자기 자신이고 상황의 중요도를 결정하는 것도 자기 자신이라는 뜻이다.

　마지막 단계는 외부에 쏟은 자기 본연의 '힘'을 되찾는 것이다. 바로 '느끼기 연습' 안에 답이 있다. 외부에 쏟은 에너지를 내부로 불러들일 때 비로소 모든 사람에게는 전능한 힘이 있고 외부 상황이 자신에게 영향을 줄 수 없다는 진리를 깨닫는다.

　우주에는 개개인을 구성하는 '영적 본질'만이 존재한다. 나머지는 착각과 허상에 불과하다. 물론 영적 본질을 바꾸고자 하는 사람은 없을 것이다. 변할 수 있는 것은 착각과 허상뿐이니까. 하지만 무엇보다 영적 본질을 다른 것으로 바꿔보겠다는 마음이야말로 가장 큰 착각이다.

일상에서 일어나는 모든 현상에 대해 인간의 잣대로 해석하려는 본능을 한 꺼풀 벗겨보자. 그 이면에는 우리의 영적 본질이라고 할 수 있는 순수한 의식이 존재한다. 그리고 영적 본질과 공존하는 '느낌'은 우리 본연의 상태인 기쁨으로 존재한다.

그런데 이러한 진리를 받아들이는 것이 왜 이렇게 어려울까? 다시 말해서, 기쁨이라는 자연의 상태에 놓이는 것을 왜 우리는 그리도 완강히 거부하는 것일까?

무엇보다 육신이 진정한 것이고 영적 본질은 중요하지 않다는 그릇된 인식 때문이다. '인간은 육신으로 존재한다'라는 잘못된 믿음은 인류의 역사와 시작을 같이한다. 이러한 생각에 대해 사회적으로 수긍하고 인정해오면서 차츰 육신의 세계가 진정한 것이고 손으로 만지거나 측정할 수 없으면 존재하지 않는다는 고정관념을 갖게 되었다.

그리고 자동차, 집, 돈, 관계를 비롯해 초콜릿 케이크 등 눈에 보이는 것을 소유함으로써 삶의 질을 윤택하게 할 수 있다고 생각하게 되었다. 하지만 사람들은 물질적 소유욕이 결국 기쁨에 대한 열망 때문이라는 점은 잘 알지 못한다.

엄밀히 말해서 물건에 대한 탐욕과 소유는 중립적인 상태이다. 무언가를 갈망한다는 것은 결국 자신의 '의식' 상태에 영향을 받는다. 무언가를 소유함으로써 기분이 좋아진다거나 삶이 윤택해진다고 생각하는 순간, '나는 육신으로 되어 있다' 라는 인간적인 판단을 주입하는 것이다.

동시에 '기쁨'의 상태에 있으면서 물질적인 것에 끌린다 해도 풍요로움이야말로 본연의 상태라는 진리의 끈은 놓치지 않는다. 정신적 풍요로움이야말로 삶의 진정한 재미와 기쁨을 주는 삶의 동반자이기 때문이다.

물질적인 것으로 기분이 좌우될 수 있다고 생각하는가? 그것은 원인과 결과를 잘못 파악하고 있는 것이다. 감정의 근원은 물건을 통해 외부에서 발생하는 것이 아니라 내면에서 나오는 기쁨이기 때문이다. 그리고 기쁨은 자신을 있는 그대로 받아들일 때 자연스럽게 느껴지는 것이다. 이처럼 진정한 기쁨이야말로 물질적인 것들을 포함한 수많은 풍요로움이 우리에게 다가올 수 있는 완벽한 상태이다.

기쁨에 충만한 삶을 살 때 현실은 전혀 다르게 다가온다. 맑은 의식 세계는 늘 깨어있고 물질적 세상인 현실에서 마주하는 소소한 경험들은 큰 의미를 띄게 된다. 또한 우리의 본질은 진동을 멈추지 않는다. 그리고 아주 빠르게 진동한다. 한편, 물질적 세계의 모든 것도 느리긴 하지만 역시 진동을 멈추지 않는다. 이 두 가지 진동이 같은 호흡을 할 때, 우리의 육신이 본질의 진동과 같은 호흡으로 진동할 수 있다.

그러나 우리의 영적인 의식 세계가 물질적 세계의 낮은 진동 폭에서 진동할 때는 높은 진동 폭의 기쁨이 쉽게 느껴지지 않는다. 또 사물을 '소유' 하는 행위는 빠르고 가벼운 기쁨의 진동과는 거리가 먼 무겁고 더딘 움직임의 진동으로 전락한다. 가지고 싶던 '물건' 을 손에 넣었을 때 느끼는 만족감은 금세 사라지고 바로 다른 물건을 가지고 싶다는 생각이 들 때가 바로 그렇다.

우리는 살면서 자신의 본질에 큰 관심을 두지 않았다. 이대로 살아도 별 문제가 없어 보이는데 어째서 뜬금없이 본질이라는 존재를 받아들여야 하는가? 게다가 우리 삶을 지배해온 수많은 생각과 믿음들, 우리의 본질이 존재한다는 진리를 묵살해온 그러한 생각과 믿음들을 왜 내보내야 하는가?

당신이 내면의 동기나 내면의 힘에 이끌려 이 책을 읽게 되었다는 사실을 인정한다면, 그 답은 이미 찾은 것이다. 우리 내면의 본질은 진정으로 존재하는 것일 뿐만 아니라 우리의 모든 행동에 진정한 힘으로 작용한다. 아무리 본질의 힘을 부인하거나 축소하려 해도 본질은 그대로 남아 있다.

그렇다면 과연 어떻게 우리 본연의 상태인 기쁨에 도달할 수 있을까? 방법은 간단하다. 모든 생각과 믿음을 놓아버리면 된다. 그러한 생각과 믿음들은 안개와 같다. 속이 텅 빈 채 실존하지 않는 것들이 겹겹이 쌓인 것에 불과하다. 기억하라. 안개가 아무리 두껍게 깔려 있어도 태양은 항상 빛난다. 그리고 우리는 따스하고 밝은 태양이 보이도록 그 안개를 걷어낼 능력이 있다.

다음 질문들을 고민해보라. '지금의 나로 사는 것이 참으로 중요한가? 지금 이 상태가 내가 바라는 모습인가?' 그 답은 각자의 몫이다. 자신의 내면에 본연의 상태인 기쁨이 나올 수 있을 만큼 자신을 사랑할 때 '지금의 나로 사는 것이 중요하다', '지금 이 상태가 내가 바라는 모습이다' 라고 답할 수 있을 것이다.

제47장

사랑은 불가분의 것

우리는 머릿속으로 '내가 사랑할 수 있는 사람들은 정해져 있다'라고 생각하며 산다. 그러나 이처럼 의식 속에서 자신이 사랑할 수 있는 부류를 나누는 것은 '착각'이며, 실은 분류 자체가 불가능하다. 내가 아무리 A라는 사람을 사랑한다고 해도 B라는 다른 누군가를 미워하면, B에 대한 미움이 영향을 주어 A에 대한 사랑에도 영향을 미친다.

사랑은 불가분의 것이어서 나눌 수가 없다. 그리고 그 사랑의 깊이는 우리의 '일치'에서 나온다. '내가 사랑하는 부류' vs '사랑하지 않는 부류'로 나누지 않고 모든 이를 향한 사랑을 느끼고자 마음의 문을 열 때, 그 사랑의 깊이가 마음으로 전해진다. 이처럼 '일치'를 마음 깊이 느끼면 내면의 평화, 기쁨, 진정한 내면의 힘과 하나가 된다.

모든 것의 시작점은 완벽한 상태

사물을 있는 그대로 완벽하다고 받아들이려 할 때, 우리는 기쁨의 상태에 마음을 열게 된다. 그리고 기쁨을 최대한 자유롭게 표현할 때 위대한 힘이 생겨난다. 자신의 언행이 완벽하다는 믿음이 있을 때, 완벽한 내면 깊은 곳에서부터 자신을 자유롭게 표현할 수 있다. 사람은 모두 한 개 이상의 재능을 갖고 태어나며, 그 재능을 표현하고자 하는 본능이 있다. 이러한 재능이 무엇이든 자유롭게 표현할 수 있을 때 비로소 기쁨과 하나가 된다.

인간은 혼자 힘으로 완벽한 삶을 이끌어나갈 능력이 없다. 완벽한 경지란 우주가 우리에게 준 선물이다. 다시 말해, 인간은 완벽하고 완전한 상태에서 삶을 시작한다.

삶이 답답하다고 느끼고 변화를 통해서 기분 전환을 하려고 할 때가 있다. 그럴 때 많은 사람이 물건을 사는 등 물질적 세계에 탐닉하는 방법으로 기분 전환을 꾀하는 오류를 범한다. 이는 이미 태생적으로 모든 면에서 완전하고, 풍요롭고, 기쁘며, 무한하고, 한계가 없는 의식의 소유자라는 사실을 부인하고 있는 것이다. 모든 상황은 우리의 의식 세계에서 비롯된다. 물질적 세계도 우리의 이러한 놀라운 창의력으로 만들어낸 세계에 불과하다. 그런 놀라운 힘이 우리에게 있는 것이다. 부인하고 싶을 수도 있겠지만, 그 힘은 우리가 만들어낸 물질적 세계에 존재하는 것이 아니다.

행복이란 우리의 있는 그대로의 아름다운 모습과 아름다운 우주를 받아들이고 사랑할 때 온다.

그 행복을 최대한 즐겨라! 그러면 모든 것을 다 가질 수 있다!

제48장

어떠한 느낌이길 바라는가?

자신이 느낌의 존재라는 사실을 알고 마음의 문을 열어 자신에 대해 깊은 사랑을 느낀다면 한단계 높은 '느끼기 연습'을 할 준비가 된 것이다. 우선 첫 번째부터 세 번째 단계는 기존의 '느끼기 연습'과 동일하고, 나머지 세 단계가 다음과 같다.

1. 어떠한 감정이길 바라는가? 자신이 느낄 준비가 되어 있는 가장 멋진 느낌을 느껴본다.
2. 이 느낌에 대한 사랑을 느낀다. 그 느낌에 있는 에너지와 힘에 대한 사랑을 느낀다.
3. 이 느낌을 갖고 있는 자신에게 사랑을 느낀다. 그 느낌 안에 있는 힘을 감지하는 자신에게 사랑을 느낀다.

　　기존의 '느끼기 연습'에 추가로 세 단계를 덧붙여서 연습하면 자신에게 그만큼 선물을 주는 것이다. 이 연습은 자기애를 키우는 완벽한 방법이다.

　　자기애가 커질수록 물질적 세계의 중요성은 떨어진다. 그러면 물질적 세계에 소모한 힘을 되찾을 수 있고, 우리가 우주에서 진정한 힘을 발휘할 수 있는 존재라는 사실을 인지하고 느끼게 된다.

　　계속해서 기쁨을 동반한 내면의 평화를 느끼고, 매순간 자신의 힘이 완전하다는 느낌을 느끼는 것은 당신 몫이다. 현존하는 매순간 멋진 느낌을 느끼고 싶을 만큼 자신을 사랑하는가? '모든 것을 가질 수 있다'라고 느낄 만큼 자신을 사랑하는가?

제49장

게임을 섭렵하겠다는 마음

제8부 더 높은 차원의 진리를 향해

인생이란 게임을 섭렵하려면 100%의 의지와 마음이 필요하다. 사람들은 누구나 자신의 삶에 일어나는 모든 일에 마음을 두고 산다. 할 일 없이 거리를 맴도는 노숙자에서 매순간 바쁜 계획이 세워져 있는 기업 간부에 이르기까지 눈뜨고 생활하는 모든 순간 (심지어 눈을 감고 자는 무의식의 순간에도 자신에게 벌어지는 일에 마음을 둔다고 한다) 자신의 삶에서 일어나는 일들 하나하나에 마음을 쓰며 산다.

자신이 어떤 것들에 마음을 쓰고 사는지 알기 위해 우선 자신의 삶에서 어떠한 일들이 벌어지는지 살펴보자. 우리 앞에 펼쳐지는 모든 상황은 우리가 살아가는 동안 내면의 본질이 삶의 목적을 위해 끌어다놓은 상황이다.

우리는 그저 깊이 느끼고 맑게 의식하면서 인생의 목적을 이루기 위한 이 과정에 참여하기만 하면 된다. 단, 열린 마음으로 자신을 있는 그대로 받아들이지 못하게 하는 모든 관념들과 이로 인해 생겨나는 느낌을 느끼려고 마음먹어야 한다.

하지만 많은 사람이 때로는 강력하게 다가올 수 있는 이러한 느낌에서 한 발 물러서는 선택을 한다. 그 결과는 어떨까? '내 능력 외에 엄청난 힘이 존재 하는구나' 하고 느끼게 된다.

우리의 진정한 느낌이 완전한 것임을 느끼고 그 느낌 안의 힘을 되찾고자 하는 마음이 들지만 아직 확신이 없거나 마음이 여전히 불편한가? 그렇다면 현재의 느낌이 어떠한지 파악하는 것이 중요하다. 그러자면 우선 의식적으로 자신의 느낌을 파악하려는 마음이 있어야 한다.

이러한 결정은 누구에게 털어놓을 수 있을까? 대부분 사람은 자신이 마음에 품은 생각을 남에게 알려주어야 한다고 생각한다. 하지만 실제로 그 속마음을 아는 사람은 오직 당신 자신뿐이다. 다른 이들은 당신의 의식 상태를 반영하는 제삼자에 불과하다. 중요한 것은 우리는 항상 자신에 대해 고민하고 자신에 대해 느끼는 존재라는 것이다.

우리의 내적 평화, 기쁨, 내면의 힘과 같은 진정한 느낌을 느끼려는 마음이 생겨나려면 자신을 충분히 사랑해야 한다. 그래야 이러한 마음, 다시 말해 우주의 선물을 받을 수 있다. 우리의 본질인 '내적 자아'가 느끼는 느낌을 정확히 느낄 방법은 단 하나이다. 일상에서 자신을 매순간 있는 그대로 사랑하고자 하는 마음을 갖는 것이다.

결국 '내적 자아'에 대한 사랑이 커져서 모든 이를 사랑할 수 있는 경지에 다다를 것이다. 그리고 우리는 뼛속 깊이 '우리는 하나'라는 진리를 알고 있다. 그렇다면 자신의 완전함을 느낄 때까지 자신의 모든 면을 사랑하고자 하는 마음가짐이 되어 있는가? 이것은 '모든 것을 갖기 위해' 필요한 노력인 동시에 인생의 마스터가 되기 위해 치러야 할 대가이기도 하다.

고정관념은 자연스러운 생각이 아니다. 그리고 우리가 고정관념대로 사는 것 역시 소모적이다. 하지만 살면서 어떤 생각을 고수하는 것 자체가 너무 힘이 들어서 그만 놓아버리고 싶은 마음에 고정관념 없이 삶을 바라볼 때가 있다. 또 그러한 순간 자신도 모르게 우리 본연의 상태인 본질 앞에 모든 것을 놓아버리고, 이때 느끼는 기쁨의 상태에 항복한다.

우리의 본질은 풍요로움과 무조건적인 사랑에 둘러싸여 기쁨의 바다를 떠다닌다. 그리고 이러한 우리 본연의 상태로 돌아가고자 하는 마음이 있다는 것은 늘 우리 앞에 놓여 있는 선물을 받을 준비가 되었다는 의미이다.

자신에 대한 깊은 사랑을 느끼고자 마음의 문을 열 때 찾아오는 기쁨을 받아들이는 것은 각자의 몫이다. 그리고 자기애가 우선적으로 깊이 느껴지지 않으면, 다른 사람들에게 느끼는 무조건적인 사랑과 도와주려는 마음도 전달되지 못한다.

당신의 선택을 기다리는 무한한 풍요로움에 마음을 열 준비가 되어 있는가? 당신에게 손짓하는 기쁨의 소리가 들리는가? 당신을 안아주려 다가오는 따스한 온기와 무조건적인 사랑이 느껴지는가? 최고의 기쁨을 누릴 때 나오는 진정한 안도의 한숨을 느낄 수 있는가?

이제부터 느껴보라.

우주의 법칙은 우리 삶을 완벽하게 지배하는 가이드라인이다.

1. 에너지

우주의 가장 기본적 요소인 '에너지'는 눈에 보이는 형태와 보이지 않는 형태로 존재한다. 우리가 보고 느끼는 모든 것은 에너지가 표현된 형태이다.

에너지란 사랑과 같은 것이다. 에너지의 흐름, 즉 사랑의 흐름을 거부할 때 우리는 불편함을 경험한다. 그러나 우리 주변과 내면을 흐르는 에너지와 서로 하나가 되면 기쁨과 평화가 찾아온다.

2. 지혜의 영 '신'

우리가 '신' 혹은 단순히 '사랑'이라고도 칭하는 '지혜의 영'은 우주 안의 모든 창의적 표현과 본질적 힘이 나오는 원천이다. 신의 존재는 우리 안에 있으며, 또한 우리는 신의 에너지가 우리 내면을 자유롭게 흐르도록 하는 매개체이기도 하다. 이 에너지의 흐름에 마음을 여는 것은 신의 존재에 대한 우리의 의식을 넓히는 것이다. 이러한 '고차원적인 힘'은 높은 차원에서 우리의 경험을 주관한다. 이때 지혜의 영, 즉 신을 바라보는 관점에 따라 삶을 경험하는

방식이 달라진다. 모든 상황에서 언제든 무조건적인 사랑과 정신
적으로 도움이 되는 에너지로서 신을 바라보면 이 세상이 전적으
로 안전한 곳임을 경험하고 이 세상의 모든 이가 사랑과 관대함을
베푸는 존재라는 것을 느끼게 된다.

3. 일치

모든 것의 본질은 순수한 사랑의 에너지이다. 따라서 진정한 의미에
서 우리는 모두 하나이다. 우리가 서로 간의 '일치'에 마음을 모은
다는 것을 느끼는 순간, 우리 모두의 내면의 힘을 느낄 수 있다.
사랑이라고 칭하는 '일치'는 불가분의 것으로, 어떤 이는 사랑하
고 다른 이는 사랑하지 않는 것이 불가능하다. 누군가를 사랑하지
않으면 자신을 비롯한 모든 이를 사랑하지 못하게 되어 그 사랑은
정체 상태가 된다. 모든 이가 서로 연결되어 하나의 고리를 이룬다
는 사실을 마음으로 받아들인다면 이 일치의 법칙이 더 쉽게 와 닿
을 것이다.

4. 완벽함

신으로 표현되는 '일치'는 완벽한 것이고, 이 완벽함의 표현방식
은 무한하다. 우리는 인간으로 태어나 있는 그대로의 완벽한 모습
으로 행동한다.
누군가가 혹은 어떤 상황이 완벽하지 않게 보일 경우 점검해볼 사

항이 있다. '내가 '일치'에서 떨어져 나와 있기로 마음먹은 것은 아닌가?' 마음이 활짝 열려 있을 때, 일치를 느끼고 모든 것의 완벽함을 보고 느낄 수 있기 때문이다.

5. 원인과 결과

삶의 모든 상황에는 결과가 있게 마련인데, 우리는 마냥 그 결과에 압도당하는 존재가 아니다. 바로 자신이 그 상황을 초래했고 또 모든 상황에는 그 이면에 위대한 의도가 깔려 있기 때문이다.

상황은 두 가지 차원에서 발생한다. 우선 우리 내면에 있는 '지혜의 영'의 의도에 따라 상황이 발생하는 때이다. 이때 마음은 평화로 넘치게 된다. 우리는 그저 우주의 사랑이 넘나들 수 있도록 마음의 문을 열어놓기만 하면 된다. 그리고 지혜의 영이 자신을 인도하고 도와주도록 맡기기만 하면 된다.

또 다른 차원은 우리의 인간적인 '머리'로 상황이 초래되는 경우이다. 이때는 '머리'로 생각하는 바에 따라 경험이 좌우된다.

6. 자유 의지

매순간 우리는 자유 의지를 통해 경험을 만들어나간다. 이 경험은 의식 세계에서 어떤 생각을 하느냐에 따라 좌우된다.

우선 머릿속의 수많은 생각을 애초에 만들어낸 장본인은 바로 자기 자신이라는 점을 인정하자. 이 점을 받아들이면 그런 생각들을 놓아버리는 것도 쉬워질 것이다. 내면에 있는 '지혜의 영'이 우리를 인도하도록 내맡기면, 삶은 한층 쉽고 멋지게 펼쳐질 것이다.

7. 통념과 착각

각자가 품고 있는 생각에 따라 경험이 다르게 전개된다. 하지만 그 생각들은 상상력에서 비롯된 착각이자 허상에 불과하다. 그러한 상상력이 우리 내면에서 나온 것이라는 점을 인정하면, 마음을 진정시키고 있는 그대로의 자신의 모습에 집중하고 '일치'에 마음을 모을 수 있다. 이를 통해 모든 착각을 초월하여 모든 사물을 있는 그대로의 완벽한 상태로 볼 수 있고, 궁극적으로는 있는 그대로의 완벽한 자신의 모습을 볼 수 있다.

8. 직관, 느낌, 힘

우리 내면에 있는 '지혜의 영'은 직관을 통해 우리와 대화한다. 직관이란 느낌을 통해 다가갈 수 있는 것이다. 자신의 느낌에 최대한 집중하면 내면의 힘에 더욱 쉽게 다가갈 수 있을 것이다.

우주에 존재하는 진정한 힘은 전적으로 평화의 기운을 실어주는 힘이다. 그리고 이 힘은 무한한 자유와 기쁨을 느낄 수 있는 사랑의 힘이다.

9. 정신적 지지 주고받기

우주는 그 안에 존재하는 모든 사물이 서로 연관되고 영향을 미치며 정신적 지지를 주고받는 영역이다. 우리 삶에 존재하는 모든 사람과 상황은 우리가 현재 느끼는 의식 상태를 거울처럼 반영하여 우리에게 정신적 지지를 주기 위해 존재한다.

우리는 적자생존의 법칙이 만연한 사회에 살고 있지만 항상 조화롭고 서로 아끼고 정신적 지지를 주고받는 환경을 만들 수 있는 선택권이 있다. 정신적 지지를 주고받으며 살고자 하는 사람들과 뜻을 같이하여 모임을 갖는 것은 자기애를 키우고 힘을 얻을 수 있는 한 가지 방법이다.

10. 거울의 법칙

우리가 보고 느끼는 모든 것은 우리의 현재 의식 상태를 그대로 반영한다.

우리 삶에 등장하는 모든 사랑은 자기 자신에 대한 생각을 반영하는 것이다. 마찬가지로 상대방이 표현하는 모든 느낌도 우리 내면에 깊이 존재하는 느낌을 그대로 나타낸다.

이와 같이 반영되고 투영되는 것은 우리가 받은 선물이기도 하다. 자신이 어떤 생각을 움켜쥐고 살아가는지 깨닫게 해주기 때문이다. 그리고 우리는 스스로 만들어놓은 여러 생각에 할애한 힘을 되찾을 수 있는 선택권이 있다.

11. 판단하지 않기와 용서

'옳다 그르다', '좋다 나쁘다' 하는 것은 인간이 만들어놓은 개념일 뿐이고, 우리 내면의 힘은 그런 생각들 안에 숨어버린다. 삶 안에서 일어나는 모든 상황은 그 이상도, 이하도 아닌 단일한 사건에 불과하다. 하지만 그것에 대해 어떤 판단을 내리면, 그 판단을 버릴 때까지 우리가 판단한 그 상태 그대로 뇌리에 각인된다.

다른 누군가 또는 어떤 것이 완벽하지 않다고 판단하는 순간, 그 사람이나 사물에 내재된 본질에 다가갈 수 있는 능력을 발휘할 수 없게 되고 불편함이 생겨난다. 이 불편함은 판단을 버리고자 판단 대상을 향해 마음을 열 때 사라질 수 있다.

용서란 우리의 판단 속에 갇힌 에너지에 물꼬를 틔우려는 마음이다. 그리고 마음을 열 때 비로소 용서가 무조건적 사랑으로 성장할 수 있다.

12. 삶의 목적

우주에 존재하는 모든 사물과 모든 사람은 그 존재의 목적이 있다. 이 삶의 목적에 대해 인지할수록 세상에 대한 소속감과 삶에 대한 깊은 의미를 깨닫게 된다.

우리는 '일치'에 마음을 열고 '일치'를 느끼는 과정에서 삶의 목적을 인지한다. 삶의 목적에 내재된 영감과 동기를 그대로 따라 간다면 삶은 영감과 충만함으로 가득할 것이다.

13. 편안함과 불편함

인간의 육신은 내면에 '에너지가 얼마나 충만하게 우리 주변과 내면을 넘나드는지' 시시각각 나타내는 훌륭한 측정기이다.

몸이 불편함을 느낀다는 것은 에너지의 흐름, 즉 사랑의 흐름을 거부하고 있다는 신호이다. 즉, 불편함이 커질수록 자신이 사랑을 주고받는 것을 거부하고 있다는 것을 알 수 있다.

육체적, 정신적, 감정적인 것인지에 상관없이 불편함이 감지되는 순간 어떻게 해야 할까? 자신의 느낌을 전적으로 느끼기 위해 마음을 모으고, 그러한 느낌을 사랑하고, 자신을 사랑하고자 마음을 모으면 된다. 이처럼 사랑이 우리 주변을 자유롭게 흘러 다니도록 할 때 우리 몸은 자유로운 에너지 상태를 반영한다.

14. 풍요로움과 감사

풍요로움은 우주 본연의 상태이다. 또한 말 그대로 우리 주변을 자유롭게 흐르는 에너지가 무한하게 넘쳐나서 그 에너지를 받으려는 사람은 누구나 받을 수 있는 상태이다.

삶에서 에너지가 부족하다는 경험을 하는 것은 풍요로움이 자연스럽게 흐르지 못할 때이다. 반대로, 자신이 가진 모든 것에 감사를 느끼면 풍요로움에 우리의 마음이 열린다.

15. 주고받기

주고받기란 항상 조화를 이루며 나타난다. 기대하는 바 없이 마음에서 우러나와 관대하게 베푸는 것만큼이나 감사히 받는 것도 중요하다. 우리 삶에 에너지가 자유롭게 넘나들도록 마음을 모으면 에너지는 점점 더 커진다.

기억하라. 우리가 누군가에게 무엇을 베풀 때도 정작 우리 자신에게 주고 있다는 사실을. 모든 사람은 하나이므로 남에게 준다는 것은 결국 자신에게 주고 있는 것이라는 사실을 기억하자.

16. 집착 버리기와 자유

우리는 머릿속으로 누군가를 혹은 무언가를 꼭 쥐고 있어야 한다고 생각한다. 이러한 집착은 무언가가 부족함을 나타낸다. 사람이든 물건이든 무언가를 소유한다는 것은 곧 그 사람이나 사물을 경험할 때 흘러야 할 에너지가 흐르지 못하고 경험이 주는 기쁨이 줄어든다는 것을 의미한다. 또한 새로운 관계와 새로운 사물이 자신의 삶에 들어오지 못하게 막고 있는 것과도 같다.

마음을 열고 우주 본연의 풍요로움에 대한 신뢰를 키워나가면 자기 자신과 다른 사람들에게 '자유의 선물'을 선사할 수 있다.

17. 관심의 대상 키우기

우리는 관심의 대상을 마음대로 정할 수 있는 자유가 있다. 고민거리에 정신을 집중해 문제가 실제보다 크게 보이는 과정을 주시할 수도 있고, 반대로 우리가 경험하는 모든 상황은 자신의 개인적인 생각을 그대로 반영한다는 것을 상기할 수도 있다. 후자의 경우에는 자신의 생각과 느낌을 분리하여 그런 생각에 소모했던 힘을 되찾을 수 있다.

이처럼 머리에서 나온 생각이 아닌 느낌에 집중할 때, 우리 내면과 우리 주변에는 평화, 기쁨, 풍요로움이 충만할 것이다.

18. 있는 그대로의 모습 표현하기

사람은 모두 한 가지 이상의 재능을 타고나고, 그 재능을 표현하고자 하는 본능이 있다. 그리고 위대한 힘을 발휘할 수 있는 능력을 받았다. 이러한 재능을 자유롭게 표현할 때, 생각지도 못했던 엄청난 기쁨을 경험할 수 있다.

우리의 재능은 우주가 준 선물이다. 이러한 재능과 내면의 힘을 소중하게 여길수록 우주의 창의적인 에너지가 우리 주변과 내면을 더욱 활발하게 넘나든다. 이를 통해 우리의 소중하고 훌륭한 재능을 창의적으로 충만하게 발휘할 수 있다.

19. 수단과 목적에 대하여

수단과 목적은 동일한 것이다. 그리고 이와 마찬가지로 행동과 결과도 똑같은 것이다.

우리는 평화에 도달하기 위해 내면의 평화로움을 느끼고 표현한다. 그리고 완벽한 삶을 누리려면 자신의 완벽함을 비롯한 모든 사람과 모든 것의 완벽함을 보고 느껴야 한다. 우주 본연의 풍요로움을 경험하려면 주변에 충만한 풍요로움에 감사를 느끼고 그것을 표현해야 한다.

20. 조화로운 대인 관계

당신이 맺고 있는 모든 대인 관계는 자기 자신과의 관계를 그대로 반영한다. 삶에서 경험하는 모든 대인 관계는 우리가 자신을 있는 그대로 아름답고 완벽하게 볼 수 있도록 마음을 여는 데 정신적 지지를 해주기 위해 존재한다.

자신에 대한 사랑을 느끼고, 있는 그대로의 자신의 완벽함을 느끼는가? 그렇다면 다른 사람들에 대해서도 그렇게 보고 느낄 수 있고, 우리 삶은 사랑과 조화가 가득한 관계들로 넘쳐날 것이다.

21. 세부적인 것은 우주의 손에

사람들은 삶에 존재하는 세부적인 것들에 대해 인간의 머리와 이성적인 사고로 처리해야 한다고 생각하는 경향이 있다. 그러나 이성적 사고가 활발해지면 자동으로 '지혜의 영'을 내치는 결과가 나타난다. 머리와 이성적 사고는 우리 자신과 다른 모든 이에게 최대한 도움을 주기 위해 섬세한 부분까지도 관여하는 '지혜의 영'

이 활동하지 못하도록 차단하기 때문이다.

그러므로 이성적인 사고를 버리고 직관으로 표현되는 '지혜의 영'과 만나는 데 마음을 쏟자. 삶에서 일어나는 모든 상황이 너무나 수월하며 자연스럽게 펼쳐진다는 것을 느낌으로 알게 될 것이다.

즐겁고 풍요로운 삶을 위한 자기정화지침서

생각하는 것을 얻는 법

2판1쇄 발행 2018년 1월 15일
지은이 아놀드 엠 패턴트
옮긴이 강준린
펴낸곳 북씽크
펴낸이 강나루
주소 서울시 서초구 명달로24길 46, 3층 302호
등록번호 제206-86-53244
ISBN 978-89-97827-30-5
이메일 bookthink2@naver.com
Copyright© 2018 아놀드 엠 패턴트

잘못된 책은 구입처에서 교환해 드립니다.